ぼくたちは戦場で育った
サラエボ 1992-1995

日本語版序文

ヤスミンコ・ハリロビッチ

　ボスニア・ヘルツェゴビナはヨーロッパにある小さな国です。
　この本には、ぼくの国で起きた戦争と、その中ですごした子ども時代のことが書かれています。当時はぼく自身も子どもでした。戦争はぼくのまわりのものすべてを破壊しました──ぼくのアパート、遊び場、ぼくの住んでいた通り、グラウンドや体育館、図書館、病院、そしてぼくの学校など全部です。ぼくの学校やほかの多くの建物を建て直すのに日本が援助してくれました。
　子どもたちは学校で日本について習いますが、最初におぼえるのはその国旗です。ほかの国々とくらべて、日の丸はとてもおぼえやすい。そして次に日本とは「日出づる国」という意味だと習いました。ぼくは小さな子どもの時に、こういうふうに日本のことと、日本がぼくたちの学校を直すのを助けてくれたことを習ったわけです。
　この本のボスニア語版が出版された時、サラエボの日本大使館の人が連絡してきました。「今、サラエボに日本のテレビ局の取材班が来ていて、ボスニアについてのドキュメンタリー番組を撮影しているのだが、取材班のディレクターがこの本のことを知り、興味を持っている、できたら会って話をしたい」というのです。
　これがきっかけになり、ボスニア・ヘルツェゴビナ以外では日本が、本書を出版する最初の国のひとつになったのです。
　その番組(NHK-BS「旅のチカラ『街は毎日が銃撃戦～角田光代 ボスニア～』」)の撮影で、ぼくは日本の小説家である角田光代さんと話をしました。この本が日本で出版されることになったのは、なによりも角田さんのおかげで、ぼくは感謝してもしきれません。
　また、ボスニアと日本の両方で有名なイビツァ・オシム氏が文章を寄

せてくださったことにも、とても感謝しています。さらに、ぼくの友人の千田善氏は日本人でありながら半分ボスニア人みたいな人ですが、この本を日本で出版するにあたって手助けをしてくれたことにも感謝しています。

また、日本での翻訳著作権を仲介したタトル・モリ エイジェンシーと、出版元の集英社インターナショナルのみなさんのプロフェッショナルな協力にも感謝いたします。

日本は国民の大多数が平和を望んでいる国として知られています。だからきっと、日本の読者のみなさんはこの本から反戦のメッセージを読み取ってくれるでしょう。メッセージはこの本の各ページの言葉の一つひとつにこめられています。戦争中の苦しみや恐怖、痛み、悪夢について綴られていますが、それだけではなく、愛や美など人間がそなえている、最も良いものについても書かれています。

ボスニア・ヘルツェゴビナのような小さな国から見ると、日本のような大きくて強力な国に友人がいることは心強いです。これからは両国の友好関係の歴史に、もっと光にあふれた明るい章を書いていきたい。それは戦争や災害で壊されたものを復旧するだけでなく、文化的交流や平和のための共同のたたかいの時代がやってくると信じるからです。平和への強い願いは日本人とボスニア人に共通していますし、平和へのたたかいは国の大きさにかかわらず協力しながら、そして固い決意で取り組んでゆくべきものだとぼくは思っています。

ぼくがこの文章を書いている最中も、世界のどこかで戦争が起こっていて、その中で子どもたちが暮らしています。もちろん、この本に戦争を止める力なんてない。でも、この本に書かれた体験を知ってもらうことは、平和を願う声を世界中に広めていくために意味があるとぼくは信じています。

サラエボの子どもたちのメッセージを聞いてください。ひとりの子どもも戦争の中で暮らさないですむような、そんな世界のために。

訳者まえがき

角田光代

　2013年、テレビの仕事でサラエボを訪れた。きっかけは、1冊のガイドブックだ。たまたま手にとった『サラエボ旅行案内——史上初の戦場都市ガイド』(三修社　著・FAMA　訳・P3 art and enviroment)というタイトルの本は、まさに戦時下のサラエボの町を紹介している。驚くのは、町が戦場となっていることだ。ふつうの人々が暮らす町が敵に包囲され、ふつうの人々が標的にされる。それはあたかも渋谷や新宿が封鎖され、通行人や買い物客が狙われているようなものだ。それなのに、町や暮らしを紹介する文章はアイロニカルで、ユーモアに満ちている。攻撃にさらされている町で、コンサートも演劇もサッカーの試合も催されていると書いてある。

　なんなんだろう、この町は。そう思った。戦争は20年近く前に終わっているが、その町を見たい、その町に暮らす人々に会ってみたい。そう思って出向いたのである。いろんな人に会った。件(くだん)のガイドブックを企画した女性、コンサートを開き続けたバイオリニスト、戦争で子どもを失った母親たち、当時子どもだった女の子。本書を編集したヤスミンコくんにもそのときに会った。

　まだ20代のヤスミンコくんは、ボスニア・ヘルツェゴビナ紛争と呼ばれる戦争が続いた、1992年から1995年に子どもだった人たちにインターネットで呼びかけた。「あなたにとって戦争ってなんだった？」と。彼自身、戦争開始時には4歳だった。

　戦争が終わったとき、子どもだった彼はさみしそうだったと両親に言われたそうだ。それまで数えていた砲撃音がしなくなったから。つまり、彼ら子どもたちは砲撃音の音を数えたり、弾丸を集めたりして、たのしみを見出していたのだ。そうだよな、子どもは何が起きているかわ

からないものな、と私が思った次の瞬間、彼は言った。ああした異常な世界では「ユーモアが生きる術になる」と。そうか、と思った。子どもはわからないのではない、言葉にならずとも本能的に知っている。遊ぶことで、笑うことで、たのしいと感じることで、子どもたちは闘っていたのだ。包囲され、砲弾が飛び交い、爆発が起き、ライフラインが切断されたなかで、そんなことにはぜったいに屈しないのだという意志を持って、子どもたちはたのしみをさがし続けたのだ。私は思ったそのことをヤスミンコくんに言ってみた。そうですね、と彼は言った。ふつうに暮らすことが抵抗だったのです。

　サラエボの町をぐるりと取り囲む丘や山を敵は占拠し、通りを歩く一般人を銃で撃った。人々はそんな状況のなか、コンサートにいき、サッカーにいき、演劇を見にいった。それもまた、日常生活を奪われた人々の闘いだったのだ。

　サラエボの人たちはライフラインを止められ、食料は人道支援団体から送られる「ランチパック」が主なものになった。本書にもあるとおり、子どもたちはいつでもおなかをすかせ、チョコレートを夢見ている。でも私はサラエボの人たちとヤスミンコくんに話を聞いていて思ったのだ。食べものは生命を維持する。でも、「いのち」を維持するのは、音楽だったり映画だったり芝居だったり本だったりスポーツだったり、会話だったり笑いだったり、目には見えない希望だったりするのではないか。そういうものがなくては、生命は生きても「いのち」は削り取られていくのではないか。私は、何か重大なことが起きるたび「自粛」を呼びかける、自分の住む国を思った。うたうことも笑うことも冗談を言うことも自粛され、自粛しないと白い目で見られ、ときに市井の人々からも総攻撃を食らう私たちが、もしこうした異常事態のなかにあったら、「いのち」をどう生きながらえさせることができるのだろう。

　対話の終わりに、この本はぼくの反戦の意志ですとヤスミンコくんは言った。この本を日本で紹介できないだろうかとそのとき思った。ふ

つうではない日常のなかで、懸命にふつうを守った人たちの言葉を届けられないだろうか。

　私が見つけたガイドブックを企画した女性が言っていた。「多くの人は、自分の身に悪いことが起こるなんて思っていない」。戦争は、ある日突然やってくる。それが本当にやってくるまで私たちは気づかない。はじまったときも、「すぐ終わる」と思っている。「これ以上悪くなることはないはず」と思っている。そうして彼らは4年間も、戦争という異常事態のなかで暮らすことを強いられたのだ。私はそれを聞いてぞっとした。知らないうちに巻きこまれているという状況が、現実味を持って想像できたからだ。

　ボスニア・ヘルツェゴビナ紛争はものすごく複雑だし、町が包囲されて攻撃されるという異常な事態を理解するのもたやすいことではない。けれどここに集められたかつての子どもたちの声は、ひどくシンプルだ。戦争とは何か。大義でもなく解釈でもなく、じつに単純に子どもたちは言い当てている。

　2015年9月9日

サラエボの書店にて。

日本語版序文　ヤスミンコ・ハリロビッチ……………2
訳者まえがき　角田光代……………4

まえがき……………10

第1部　サラエボへようこそ！……………11
　　　　ボスニア、サラエボの短い観光ガイドと「戦時下の子ども時代」について ちょっとしたブリーフィング、そして本書の成り立ちについて。

解説　千田善
ユーゴスラビア紛争について──なぜ戦争になったのか……………24
サラエボ包囲戦──なぜ逃げられなかったのか……………46

第2部　あなたにとって、戦時下の子ども時代とは？ ………… 50
　　　　数千人のサラエボっ子たちから寄せられたメッセージの中から、
　　　　約1,000の「思い出」を。

第3部　ちょっとだけ長い回想と、思い出の品々 ………… 242
　　　　とても短文では伝えられない経験と、
　　　　戦時下の生活を知るためのささやかなコレクション。

特別寄稿　困難な時期にどう生き残るか　イビツァ・オシム ………… 276

ヤスミンコくんのこと──単なる懐古趣味ではなく　千田善 ………… 282

装丁・本文デザイン　大森裕二
DTP組版　竹中 誠
地図作成　タナカデザイン
協力　中村 裕／スローハンド

まえがき

　ようこそ『ぼくたちは戦場で育った』へ。これは、戦時下のサラエボで育った経験を集約し、研究したはじめての書籍だ。本書には1,100人を超える人々が携わった。

　第1部では、ボスニア・ヘルツェゴビナ、サラエボ、サラエボ包囲について説明し、ぼく自身の体験を書こうと思う。

　本書の核となる第2部には、戦争中にサラエボで幼少期を過ごした人々から集めた、およそ1,000の短い思い出を掲載する。みんな、現在は世界じゅうに散らばっている。

　第3部では、このプロジェクトの参加者から集めた、少々長い回想録と文書を紹介する。

　戦争のなかで成長するという特殊な経験が、この本によってよりいっそう理解され、子どもにとってよりよい世界にするという責任を、大人が意識してくれることを願う。

ヤスミンコ・ハリロビッチ

第1部　サラエボへようこそ！

僕たちの国、ボスニア・ヘルツェゴビナについて

　ボスニア・ヘルツェゴビナへようこそ。川に囲まれたミステリアスなこの国は、バルカン半島の中心に位置する。一度、二度、いや三度訪れても、この国のミステリアスな印象は消えることなく、旅人は完全にはこの国を把握できないだろう。ここは、多くの人々がその一生をかけてでも理解したいと思う国なのである。

　ボスニアには数々の都市がある。うつくしいバニャルーカ、調和のとれたポチテリ、勇壮なゴラジュデ、誇り高きモスタル、気高いヤイツェ、そして魅惑的なサラエボを、旅人は訪れることになる。ボスニアにはボスニア人がいる。旅人は、母国を愛する、あたたかく、おおらかで、親切な人々に出会うことになるだろう。ボスニアにはうつくしい景観がある。旅人の目は、まだ損なわれていないこの国の色彩ゆたかな光景をたのしむはずだ。ボスニアには独自の音楽もある。旅人の耳は、ボスニアの代表的なラブソング「セブダリンカ」に癒やされるだろう。ボスニアには独自の料理もある。旅人は、お菓子やこってりとした伝統料理をたのしむだろう。ボスニアにはまた、文化遺産がある。そのひとつ、ステチャクは歴史的価値を持つ石造りの墓碑だ。それからボスニアには独自の文字がある。ステチャクに刻まれた銘文はボサンチッツア（ボスニアキリル文字）で書かれている。今日ではラテン文字とキリル文字の両方が使われている。

　ボスニアには独特の言語がある。ボスニア語だ。同じ言語は近隣

ステチャク

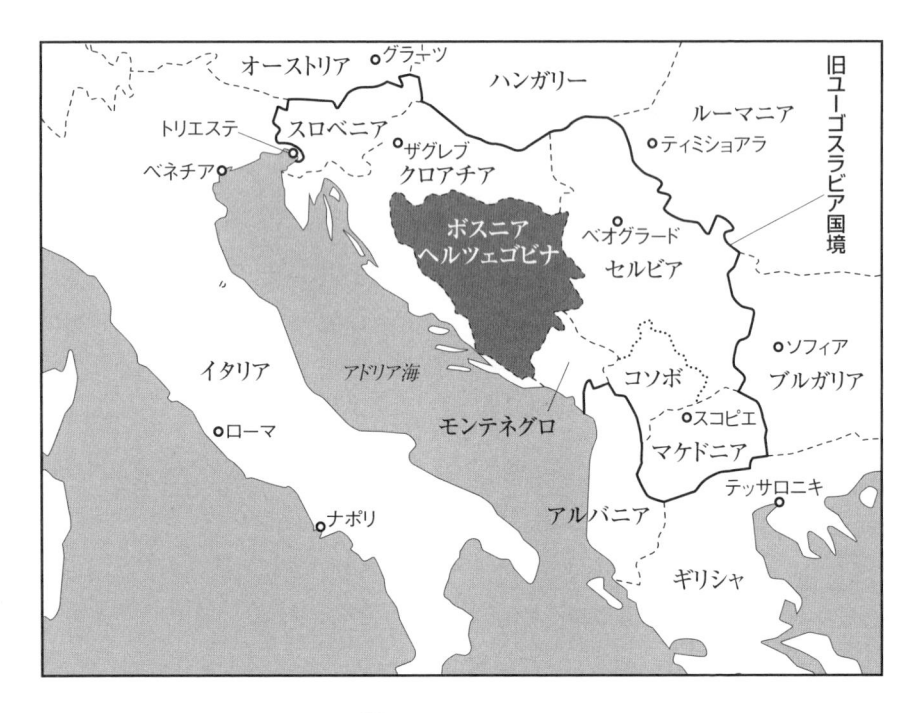

現在のボスニア・ヘルツェゴビナ

「デイトン合意」(1995年11月)によって、ボスニア・ヘルツェゴビナは、ムスリム系およびクロアチア系住民が中心の「ボスニア・ヘルツェゴビナ連邦」と、セルビア系住民が中心の「スルプスカ共和国」という二つの「構成体」からなる連合国家となった。ただし、同国北東部にあるブルチコ行政区については二つの構成体のいずれにも帰属せず、欧州連合の平和維持活動が今日でも続いている。

諸国でも使われているのだが、それぞれ自分たちの呼び名で「クロアチア語」「セルビア語」「モンテネグロ語」などと名付けている。ボスニアではそれがボスニア語になるというわけである。

　現在、このうつくしいちいさな国は、1,000通りの方法で分割されている。ここを訪れた人は、まずそのことに戸惑いを覚える。ボスニアの人々はみんな同じに見えるのに、どのように区分けができるのか、不思議に思うのである。歴史を通じて、多くの軍や部族がボスニアに侵入しては去り、その過程で、国全体の分割と統合が幾度もくり返された。けれどどれも無駄な努力だった。なぜならボスニアはボスニア人の国なのだから。

　有名なボスニアの詩人マク・ディズダルは、ボスニアをこんなふうにうたう。

「ボスニア、この土地はあなたが去ると、
飢えと裸足の土地になる、あなたが去ると、
寒さと空腹の土地となる、
そしにもまして
あなたが去ると、
夢は破れる」

サラエボへ、ようこそ！

　サラエボへようこそ。ここはボスニア・ヘルツェゴビナの首都であり、おそらく、1914年のサラエボ事件と1984年の冬季オリンピックでその名を知られているだろう。東洋と西洋が出会う場所として聞いたことがあるかもしれない。いや、サラエボなんて聞いたこともないかもしれない。

　人口約50万人のこの都市は、ミリャツカ川沿いのサラエボ盆地にあり、山々に囲まれている。こうした多くの高地からサラエボの町を見下ろすと、光輝く長い川の流域に、さまざまな文化と世界が合流する様子が見てとれることだろう。5世紀前に創られたこの町は、行政、文化、教育、スポーツ、経済、どれにおいても国の中心である。

　サラエボの暗い時代も輝ける時代も、サラエボの発展につねに貢献してきた。残酷な過去を持ち、よりよい時代を待ち続けたこのちいさな町は、ふたたび、言いあらわせないほどの魅力で訪れる者の心をつかみはじめている。あたらしい時代、あたらしい文化の影響で世のなかがどれほど変わっても、この町は変わらない。山々を越え、黄金の渓谷と、広大な包容力を持つこの町だけは。

バシチャルシア街区

　サラエボ市内のバシチャルシア街区は、バルカン半島のなかでもっともよく保存されている「チャルシア」——オスマン帝国時代にバルカン半島を横断するように発達した、トルコ風の市街（バザール）——である。同じ時代、人々の暮らす「マハラ（居住地）」とは異なり、バシチャルシアは職人や商人のための場で、細かく網目状に走る路地に、屋台が何列も並んでいる。低い屋台から見上げると、高層に圧倒されるような大モスクとその時計塔がそびえている。さらに古い正教会と隣接する博物館、今ではユダヤ博物館となった古いユダヤ教のシナゴーグ

モスクや教会、シナゴーグが共存する街サラエボ。

（会堂）がある。サラエボは、地形の関係で西へ西へと発展していった。それにともなって町の中心も西へと移動したのである。しかしそんなことは、サラエボの中心であり続けたいと願うバシチャルシアにとっては、たいしたことではなかった。

水の町

「ここならいつでも生きていけそうだ、あちらこちらに泉が湧き出るサラエボ、いのちの水」とうたったのは、17世紀のサラエボの詩人、ネルケシヤである。

バシチャルシア街区の水飲み場。

見た目質素だが、サラエボ市内のあちこちにある泉（水飲み場）は、博愛精神のあらわれであり、まちがいなく町全体のシンボルである。神の慈悲として建てられたこれらの泉は、空腹を満たし渇きを癒やすという、神の精神を受け継ぐ遺産であり、待ち合わせ、会話、友情の場とされ、

初恋が生まれることも少なくない。

墓地

　中心から遠く離れたところに建てられた、暗く寒々しいヨーロッパ各国の墓地とは異なり、サラエボの墓地は生活のすぐそばにある。

　標準的な古い墓地はシンプルで、たいていは白い二つの石柱が埋葬場所を示すために地面に立てられている。時間の経過とともに石は傾き、地中へと沈んでいき、次の埋葬者のために場所を譲る。訪問者は、こうして生きているかのような墓地は、サラエボにふさわしいと記述している。たとえばズーコ・ジュムフルはこう書いている。
「…わたしは陽気な墓地をずっとさがしてきたが、世界じゅうのどこにもそんなものは見つからなかった。唯一この町の斜面では、死者が生者と近所づきあいをしながら生き続けている。死者たちはその目印である石標となり、よろよろと起き上がったり、倒れたりしながら、ふたたびわたしたちとともに生きたいと願っているのだ…」

白い石柱が立ち並ぶサラエボの墓地。

コーヒーハウス

　サラエボでは、コーヒーを飲む習慣が500年近く、つまり町の歴史と同じくらい長いあいだ続いている。この町の暮らしからコーヒーとコーヒーハウスを外すことはできない。サラエボでは、老いも若きも同じくコーヒー（カファ）を飲む。年配者はたいていコーヒーを、とりわけボスニアスタイルのコーヒーのことを「カフバ」と呼ぶ。コーヒーを飲む時間はとくに決まっていない。いつでもどんなときでも――起床後、朝食後、出勤後、休憩時、昼食時、午後、夕食前、夕食中、夜中ですら、みんなコーヒーを飲む。コーヒーの飲み方も、多くの他の都市とは異なり、その場で急いで飲むようなことはしない。コーヒーは片手間に飲むようなものでもないし、テイクアウトもしない。

サラエボ名物の
コーヒーハウス。

　サラエボのコーヒーハウスやカフェは就業時間帯でもたいてい混んでいるが、だれがこれをいいとか悪いとか言えるだろう。たしかなことは、コーヒーを飲んでゆったりと時間を過ごすことは、現代的な生活スタイルに対抗する、まれな習慣のひとつだということだ。

学生たちの町

　「世界はキラリティ*に満ちている、シンメトリをさがしてたのしもう」と言ったのは、キラリティの研究でノーベル化学賞を受賞した、サラエボ生まれのウラディミール・プレローグである。この有名な科学者の生家から1キロメートルも離れていない場所に、サラエボ大学の校舎がある。現在サラエボには5万人の大学生が住んでいるが、これは町の住民10人にひとりという割合である。ふつうの大学都市ならあるはずのメインキャンパスも学生寮もないが、それでもサラエボは学生の町である。

*3次元の図形や物体や現象が、その鏡像と重ね合わすことができない性質。

スポーツ都市

サラエボはまた、スポーツ都市でもある。バスケットボールでは、ほかに本格的なチームがないので町はこぞって「ボスナ」のサポーターである。ボスナは、ミルザ・デリバシッチが率いていた黄金時代、1979年に欧州チャンピオンを勝ち取った。

サッカークラブでは「ジェリェズニチャル」と「サラエボ」のライバル争いが有名である。このふたつのチームの対戦では、町が二色に塗り分けられる。ブルーとワインレッドだ。

そのほか、有名なスポーツクラブには、ボスニアチェスクラブ（欧州大会で複数回優勝）を含め、ボスナハンドボールクラブ、ファントム・アンド・スピード（障害者ネットボール欧州大会で何度も優勝）などがある。

オリンピック

1978年のIOC総会では、まず候補国のフランスとチェコが、次にヨーテボリ（スウェーデン）が脱落し、最終投票ラウンドには札幌（日本）とサラエボ（旧ユーゴスラビア）が残った。3票差で1984年サラエボオリンピックがの開催が決定した。トレベビッチ山麓に位置するこの町の歴史上、もっともうつくしい物語がはじまったのである。

このニュースはサラエボとユーゴスラビアを駆けめぐった。実行委員会の電話は、競技開催援助を申しこむボランティアからの電話で鳴りっぱなしだった。通常は、降雪量が足りないような時期ではないのだが、開催年の2月は雪があまり降らなかった。オリンピック開催の、まさに前夜に大雪が降ったときには、市内の交通がどこもかしこも遮断され、開会式が完璧に終わるよう、何万人もの市民が雪かき作業のために道路に駆り出された。待ちに待った雪である。その日だけでなく、閉会式まで毎日降り続け、のちに「オリンピック史上、もっともよく企画された大会」とたたえられた。

10年もしないうちに、オリンピックの聖火は邪悪な炎にとってかわら

れた。1994年、当時の国際オリンピック委員会、フアン・アントニオ・サマランチ会長が、リレハンメル大会の開会宣言で次のように述べた。

「10年前、我々はオリンピック大会のためサラエボにいた。当時のサラエボは、スポーツ、理解、友情、そして平和をたいせつにする町だった。サラエボの市民は、2年間以上も苦境に立たされている。競技場にいるみなさんだけではなく、世界じゅうの人々、自宅にいるだろうあなたがたも、全員で立ち上がり、サラエボのために少しのあいだ黙禱しようではありませんか」

包囲下のサラエボ

ようこそ、水も電気も、食べものも薬もない町へ。

ようこそ、1990年代のサラエボへ。

この町とこの町の人々は、歴史上、戦争も侵略も征服も、何度も経験してきた。けれども1992年にはじまったこの前の戦争ほどサラエボを残忍に襲ったものはなかった。前の日までは同じ市民であった人々が、町を囲む丘にのぼり、そこに他のボスニア・ヘルツェゴビナや隣国から援軍が加わった。そのとき最強だとされていたユーゴスラビア人民軍の武器を持って。

サラエボのバラとは、道路に撃ちこまれた砲弾の痕のこと。

町では、戦車、迫撃弾、機関砲、狙撃銃などによる計画的な大量殺戮がはじまった。サラエボ包囲は1,425日続いた。近代の歴史のなかで最長の包囲戦である。学校、病院、図書館、博物館、宗教施設が破壊され、世界じゅうが見ているなか、出勤途中の人々や公園で遊ぶ子どもたち、産科病院の乳児までもが殺された。攻撃者はえり好みをしなかった。目的は明白——町を破壊すること。この破壊攻撃の痕跡は、建物にも、人々の顔にも今なお残っている。旧市庁舎（当時は国立サラエボ大学図書館）も、ほかの多くの重要な建物もまだ修復されていない。破壊された建物と殺された市民のことをもっともよく

サラエボのメインストリートは「スナイパー通り」と呼ばれた。山の上からこの通りを歩く人たちに無差別狙撃が行われたからだ。

伝えるのは、「サラエボのバラ」だ。路上の砲弾痕を赤く塗って印したものだ。

　川で洗濯をする女性たち、墓地と化したサッカー場、地下室で行われた授業——どれも理解に苦しむ光景だが、包囲下の町では日常だった。絶え間ない砲撃のもとでも、コンサートや演劇、展覧会が開かれた。暗闇のなかでも本は書かれた。

　かつて幾度もそうしてきたように、サラエボは今、再生という挑戦に立ち向かっている。町を包囲してにらみ続けていた邪悪な闇は、20世紀末に民主化の移行という暗雲に変わった。戦争終結への願いは、永遠の平和への願いに変わった。こうして今、サラエボは笑顔の都市となった。

度重なる砲撃で黒こげになったアパート。

オリンピック会場跡地は包囲戦のさなか、殺された多数の市民たちのための墓地に変わった。

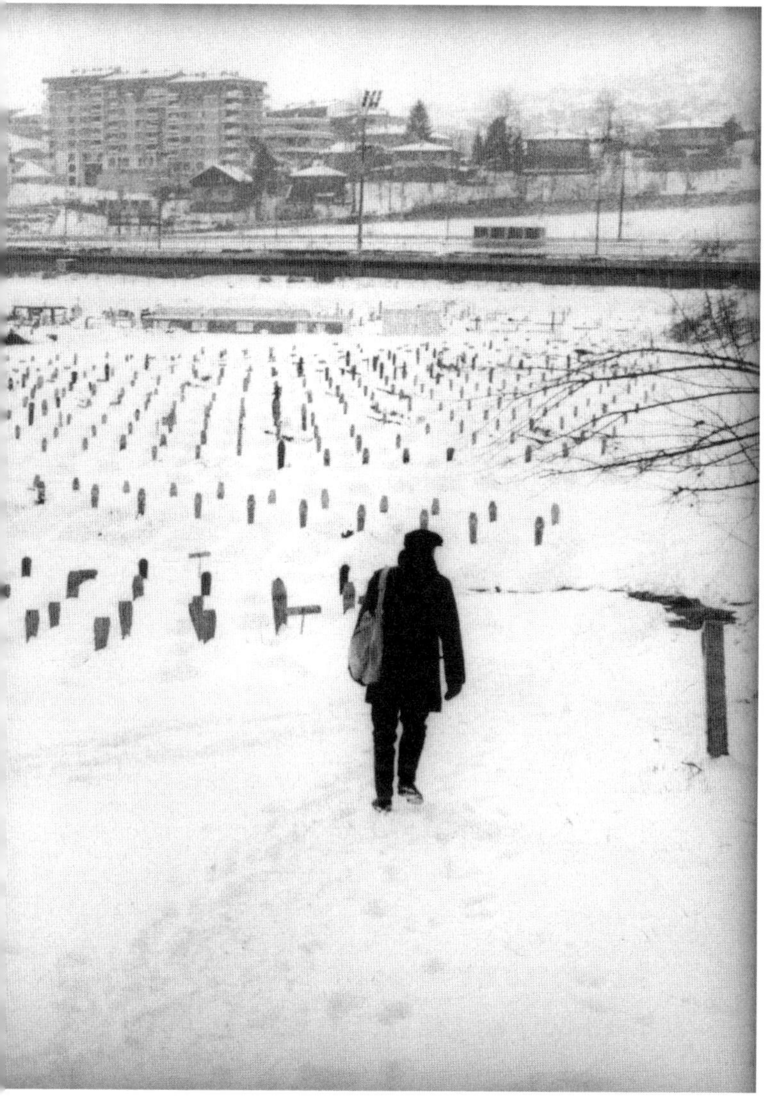

ユーゴスラビア紛争について
―― なぜ戦争になったのか

千田善

20万人近くが殺された

ボスニア・ヘルツェゴビナをふくむ旧ユーゴスラビアは、かつては多くの民族が共存する連邦国家だったが、現在では7つの独立国にわかれている(①セルビア②クロアチア③スロベニア④ボスニア・ヘルツェゴビナ⑤マケドニア⑥モンテネグロ⑦コソボ)。

国が独立したり分裂することはめずらしくない。ソ連(1991年にロシア、ウクライナなど15の共和国に分裂)やチェコスロバキア(1993年にチェコとスロバキアに分裂)などの例がある。

しかし、旧ユーゴスラビアの場合は不幸なことに、話し合いではなく戦争になった。そこでは10数万～20万人が殺され、400万人以上が故郷を追われた。1918年に王国として建国されたユーゴスラビアは、社会主義時代を経て、70年あまりで解体した。*

民族主義から戦争に

いったいどうして戦争になってしまったのか。

かんたんに言えば、各国の政治家たちが選挙に勝つために民族主義に走ったためだ。

ユーゴスラビアは6共和国2自治州の連邦国家で、チトー大統領の時代には各民族の平等と友好が大切にされた。しかしチトーが1980年に死んだ後、深刻な経済危機におちいった。

1990年の自由選挙の際、当時は「経済を建て直します」なんて演説しても、誰も信じる状況ではなかった。そこで、わかりやすい政策として民族主義(我が民族のためにがんばります、自分たちが貧乏なのはあいつら

「ひとつのユーゴ」が7つに分裂した

- リュブリャナ / スロベニア
- ザグレブ / クロアチア
- ベオグラード / セルビア
- ボスニア・ヘルツェゴビナ / サラエボ
- モンテネグロ / ポドゴリツァ
- プリシュティナ / コソボ
- スコピエ / マケドニア

＊ユーゴスラビア紛争は、つぎのような戦争・紛争をあわせた呼び名だ。

スロベニア戦争（別名10日間戦争）　1991年6月〜7月（死者100人未満）
クロアチア戦争（第1次）1991年、（第2次）1995年（死者2万数千人）
ボスニア戦争（ボスニア分割戦争）　1992年〜1995年（死者10万〜20万人）
コソボ紛争　1996年ころ〜1999年（死者2万人弱）
　※セルビア政府によるアルバニア系少数民族弾圧、NATO軍によるセルビア空爆と難民の大量発生
マケドニア紛争　1999年〜2001年（死者約250人）

現在でもボスニアとコソボにはEUやNATO諸国の平和維持軍が駐留している。

のせいです)が公約になった。

　その結果、すべての共和国で民族主義派が与党になり、連邦議会や中央政府はマヒしてしまった。そのうち「もうこんな国とはおさらばだ」と一部で独立運動もはじまった。

　自分たちこそが正しい(あるいは被害者だ)と、テレビや新聞で毎日そうした宣伝を聞かされ(読まされ)ているうちに、だんだん「自分たちは強く、相手の民族や国は弱い」という気にさせられる。「戦争はしたくないな」と思っていた人も、影響されて「短期間で勝てるなら」と賛成するようになる。こうなると、行き着く先は戦争だ。

　じっさいのところ、政治家たちは、最初から戦争を考えていたのではないだろう。しかし、本当に戦争になりそうなときに「ちょっと待て、ここは話し合おう」などと態度を変えると、次の選挙で勝てなくなるし、過激派に暗殺されるかもしれない。

　国連があいだに立った和平交渉など、戦争を避ける(または途中でやめる)チャンスは何度もあったが、「戦争はやめよう」と言い出す勇気のある政治家がいなかった。

領土分割戦争と民族浄化

　戦争の目標は「領土拡大」。それが一番わかりやすいからだ。

　ボスニアが1992年3月に独立宣言した直後、セルビアが東から、クロアチアが西から国境を越えて攻め込んだ。両国は「ボスニアの山分け(領土分割)」の密約を結んでいたのだ。

　ボスニア戦争は領土分割戦争だった。ひとつの村を取ったり取られたり。その際、異なる民族を追い出したり、殺してしまう。これを「民族浄化」と呼んだ(異民族を取り除いて土地をきれいにするという意味)。

　この本のテーマである「サラエボ包囲戦」も、セルビア民族主義勢力が首都サラエボの半分を要求したことが発端だ。これが3年半も続いた。(詳しくは46ページの解説で)

ボスニア戦争の後遺症

　20年も前の戦争だが、21世紀の現代にも影響を残している。この戦争がきっかけになって、戦争犯罪などを取り締まる国際裁判所が設置される一方、国連の承認を得ないで、アメリカがほかの国を空爆するという悪い前例もボスニア戦争で初めて実行されたものだ。

　宣戦布告なき開戦、正式の兵隊ではない武装勢力、残虐行為と戦争犯罪、外国人兵士の募集——これらが、イラクやアフガニスタン、シリアなどでの戦争のモデルになった。最近、中東から多くの難民が脱出した問題も同じ根がある。

　ボスニアをふくむ旧ユーゴスラビアの紛争をうまく解決できなかったことが、現代の戦争につながっている。

戦時下の子どもたち―ぼくの場合

　サラエボの戦争中、1万1,000人以上の市民が殺された。死は日常茶飯事だった。しかしながらこの本の目的は、死についてのものではない。生き残った人々の経験を伝えることだ。戦争中でも、子どもは子どもの時間を生きる。何万人もの幼い少年少女が、ふつうとはまったく異なる環境のなかで成長していった。こうした子どもたちの経験に目を向けたいと思う。

　ぼくは1988年、サラエボで生まれた。戦争がはじまる前のことは、写

真や昔話でぼんやり覚えている。ぼくの幼少期はなんの心配もなかったように思える。時間の経過とともに、今日との違いをまざまざと見せてくれる写真は色あせていき、昔話も話題にならなくなってくる。

サラエボでのぼくの人生は、戦前、戦中、戦後と3つの時期にわけられる。

ぼくの「戦前」はこれらの写真のなかに存在する（左ページ）。

ツリーの前にいるのは、戦前で最後になるクリスマスを祝っている写真、大好きなおもちゃを持った写真、幼稚園での写真…

ぼくの「戦中」はぼくのなかに存在する。友だちと語り合うこともあるし、はっきりと思い出すこともあるが、それ以外は、そうした思い出の断片を聞いて組み立てている。そもそも記憶とは、情報を吸収し、把握し、使う能力だとも言える。とはいえ、自分が吸収し、把握した情報すべてを、好きなときに、好きな方法で使うことはできない。子どもがはっきりと記憶しはじめるのは4歳からだとどこかで読んだことがある。ぼくが4歳のときは、戦争がはじまった年だ。ぼくの戦争開始時の記憶がぼんやりしているのは、そのためだろう。

1992年4月5日

現在、ボスニアは二つの準国家に分割されている。サラエボの西にあるドブリニャ地区はその境界線上に位置する。1992年4月5日に攻撃がはじまったとき、ぼくは両親とともにドブリニャ1区にいた。侵略者が近所の通りにやってくる危険は、日に日に大きくなっていった。男たちは警備に立ち上がり、女たちは窓のない廊下で子どもたちの面倒をみた。この異様な4月の数日で、ぼくたちのアパートは次々と空になっていった。べつの地区に逃げた人もいれば、海外に逃亡した人も、「あちら側」に移った人もいた。その後の数年間、ぼくはずっと不思議に思う

ことになる。だれがどんなふうにしたら、今までずっと同じ通りに住んでいた隣人を攻撃するよう説き伏せられるのか、と。いまだにわからない。ともかくぼくたちもそこを去り、母方の叔父といっしょにドブリニャ3区に引っ越すことにした。町に近いという理由で、そこは安全だと考えられていた。

※ドブリニャはサラエボ五輪の選手村として建設された住宅地(1区、2区)。その後、拡張されて第5街区まで存在する。

ずっと空腹だった

叔父と父は燃料の切れた緑色のストヤディン(国産車)を押し、ぼくと母は安全のために車内にいた。たいせつだったテディベアを含めて、たくさんのおもちゃをアパートに置いてきた。戦争のあいだ、ぼくはずっとテディベアのことを話し続け、1996年になってべつのクマをもらった。「テディ」じゃないとすぐわかった。だからこの本にはあのテディの写真はない。どうしてテディを持ってこなかったのだろう。ずっとあとになるまで持ち続けたものもあるのに、テディは手放した。それでも、アレフ(写真)を手にしてうれしかった。

ぼくのアレフ。

ぼくたちは叔父のところに3カ月滞在した。いいことも悪いこともあった。覚えているのは、ずっと空腹だったこと。2部屋のアパートに9人が住み、パン1斤を全員でわけて1日過ごさなくてはいけないことがよくあった。ぼくがあまりに空腹だったため、父が自分のぶんをくれたことを覚えている。ほかには何もなかった。ときどき、デザート用に水と砂糖があって、パンをそこに浸して食べた。そのときの食事を思うと、痛ましく思う。それに、はじめての記憶をはっきり思い出すのはなかなかむずかしい。ぼんやり覚えているのは、地下室での緊急事態、建物の入り口でだれかがずっと警備していたこと、砲撃が緑色のストヤディ

ンを破壊した日のこと。叔父の家の地下室はしっかり標的にされていた。両親がぼくに絵本を読んでくれた。「ハリネズミのちいさなおうち」、「ダーシェンカ」、「火の鳥」…

戦争に包囲された暮らし

　1992年7月、父が中心街への移動手段を準備した。戦争がはじまる前、父はハッサン・キキッチ通りの言語研究所に勤務していた。移動した夜はその事務所で過ごすという計画だったが、結局そこに1年半滞在することになった。

　中心街へ移動したときのことは、ぜんぶはっきりと思い出せる。窓を目隠しした、座席のないバンが迎えにきた。前後左右から攻撃を受けながら、運転手は狂ったように車を走らせた。ぼくたち3人は、鞄とともに車内で宙を飛びまわった。父は壊れた後ろのドアを押さえていた。そのドアが開いて、おもてに放り出されるのがこわかったことを覚えている。転がりまわっている最中、ぼくは床に頭をぶつけた。その傷はなかなか消えず、傷を見るたびにみんなこのドライブのことを語り合ったものだった。ぼくたちは大統領官邸のそばで車を降りた。破壊された建物の前に緑の公園があった。そのときは攻撃がやんでいた。公園を半分横切ったところで、爆弾が落とされはじめた。どこも同じだ。戦争に包囲されている。

　両親は、事務所を暮らしやすくしようとした。いくつかの肘掛け椅子を引き寄せて眠った。やっと朝食にミルクを飲めた。その建物には、ボスニア軍のある部隊も泊まっていた。廊下に武器が置いてあって、見慣れない機械に興味をそそられたのを覚えている。入り口で銃をきれいにしていた兵士たちは、ぼくにはヒーローに見えた。兵士とともに暮らすことにはたくさんの利点があった。ぼくの面倒を見てくれたり、靴紐でキーホルダー用の紐を作るのを手伝ってくれたりした。彼らは食料を持ってきてくれ、それで、生活はほんのちょっとふつうに近づいた。

サッカー少年と弾薬

　しばらくして叔母と、いとこのエルマがやってきた。叔母はエルマをおんぶしていた。エルマがやってきて、ぼくの幼少期はその前より幸せになった。もうひとりではなかった。

　ぼくたちはすぐに同じ通りに住む子どもたちとつるみはじめた。サッカーボールを追いかけて、建物の前にある駐車場で遊んだ。橙色のれんがを使って地面にゴールを描いた。通りにれんがはひとつしかなく、ぼくたちは喧嘩してとりあったり、盗みあったりした。どんぐりを使って戦争ごっこもした。ぼくはスーツケース一杯の「弾薬」を持っていた。その通りに、同い年くらいの子どもはそう多くはなかった。ぼくより年上のミレラという女の子がいて、ぼくは彼女に恋をした。おさない初恋だ。ミレラとその仲間たちは、ぼくの倍くらい年上だったから、いっしょにつるんだりはできなかった。兵士たちは、どうせ彼女に近づけないだろうとぼくをからかった。いつか大人になって、年の差なんてどうでもよくなるときのことを、ぼくはよく考えていた。

　1993年の12月、ぼくたちはハッサン・キキッチ通りから引っ越した。一時的な住まいとして、町のべつの区域にあるアパートが提供されたのだ。数少ない戦争中の写真の1枚は、そこで撮ったものだ。

　1994年の夏、記憶にあるかぎり、はじめてサッカーの試合を見た。ワールドカップがはじまった当初は、ボスニアの外では、サッカーも含め、人々がふつうに暮らしていることをよく理解できなかった。大会が終わるころには、決勝でイタリアが負けたことに心を乱した。ロベルト・バッジョは、PK戦をしくじって見せた涙で、包囲下のサラエボで少な

くともひとりの少年を泣かせたことなど、きっと知らないだろう。

さよなら、ミレラ

1994年8月、「ハッサン・キキッチ通りで11歳の女の子が殺害されました」とニュースのアナウンサーが伝えた。そのとき電話が鳴った。おそれていたことが本当になってしまった。殺されたのはミレラだった。

ミレラの死についてぼくが書いた短い作文が、子ども新聞「つばめ」に掲載された。

　　ぼくたちは同じ通りに住んでいました。ぼくはドブリニャから、ミレラはイリッジャから避難していました。ぼくはミレラを好きになりました。その通りには多くの女の子がいたけれど、ミレラはいちばん…いちばんきれいで、いちばんかわいくて、はちみつのようだったからです。戦争中の15カ月、ぼくたちはいっしょに遊びました。彼女に何度もキスをしました。彼女もしょっちゅうしてくれました。彼女が縄跳びをしているとき、エドという兵隊さんがきて、キスしろよってぼくを彼女のところに連れていきました。彼女はものすごく怒って逃げ出したけど、ぼくのほうが足が速かった。

　　彼女は10歳と半年で、ぼくは5歳と半年でした。ぼくたちは彼女の11歳のお誕生日を祝うことはできません。お葬式は明日(1994年8月13日)です。お葬式のあと、花を持っていこうと思います。でも、いっしょに遊んだあの通りにミレラはいません。ミレラはもうそこに住んでいないのです。

　　　　　　　　　　サラエボにて　1994年8月12日

このあと、母がミレラの家に連れていってくれた。大勢の人がいた。ぼくがこの作文を読むと、みんな泣き出した。

戦時下の1年生

　1994年9月、サフベト＝バシャギッチ小学校に1年生として入学した。ぼくは6歳になっていなかったけれど、学校にいけば友だちができるだろうし、外に遊びにいきたいと四六時中言わなくなるだろうと思った両親が、そう決めたのだ。それは正解だった。登校初日、母と、ベルマ、のちに親友になるエルミンといっしょに写真を撮った。後ろに写っている建物は学校ではない。学校はドルベニア橋のところにあったのだが、破壊され、授業はべつの建物のなかで受けた。最初の授業のことは今でも覚えている。壁に立てかけられた大きな黒板、担任のファティマ先生、長い休憩時間にあたたかいミルクをもらおうと一列に並ぶ生徒たち。授業のない日のことも覚えている。先生が家庭訪問にやってきた日、砲撃中でも学校にいきたいと言って母と喧嘩した日々。

　1年生の課程はすべて優等で終了した。といっても、クラスのみんながそうだった。先生たちはぼくたち1年生をものすごく大目に見ていた。どこでも1年生なんてそうしたものなのかもしれないし、戦争中だったからかもしれない。ふつうの紙に印刷された通知表を今でも持っている。

　そのころ、ぼくにとってはじめての自転車をもらった。停戦が発表されるたびに、建物の前にある公園にいって、自転車に乗る練習をした。

　戦争中のいちばんの思い出の品は、サラエボの画家、ダボール・レハールにもらった絵だ。1995年2月、彼が絵を描いてくれた紙ナプキンをぼくはまだ持っている。

　ちょうどこの1年前、1994年2月にダボールの

34

息子イゴールが殺された。砲弾が町の市場「マルカレ」に落とされて、68人の命を奪ったのだ。

このころにぼくははじめて詩を書き、子ども用の雑誌にいくつかを投稿していた。ぼくの詩が掲載された「つばめ」のバックナンバーは今も持っている。

あそび
天からおもちゃがふってくる／ぼくの手にふってくる
手のなかで大きくなる／子どもみたいに大きくなる
あそびはぼくによろこびをもたらす／はるかかなたの天国から

妹と平和がやってきた！

1995年になると砲撃の回数は減ってきた。比較的ふつうに生活できるようになった。ぼくは小学校2年生になり、妊娠した母のことをいつも気に掛けていた。母が検査に出かけると、窓から離れず帰ってくるのを待っていた。その当時、祖母がいっしょにアパートで暮らすようになった。1995年11月27日、妹のアイディーナが生まれたという、人生でもっともうれしいニュースを受け取ったときも、ぼくは祖母といっしょにいた。

妹の誕生とともに、公式に平和が訪れた。デイトンで署名された和平協定は、こののちもぼくが成長していくこの国にとって、厄介な問題を含んだものだった。ともあれ、ぼくと妹、友だちのハンナが写っているこの写真をもって、ぼくの「戦争中」は終わり、「戦後」がはじまる。

この本の成り立ちについて

そして2010年になった。戦争が終結して約15年が過ぎた。小学校のあと、ぼくはサラエボ第1中等学校を卒業し、サラエボ大学経済学部に進んだ(ボスニアの学制の中等学校は日本の高校に相当する)。中等学生のとき、友だちのアーシャといっしょに「サラエボ的思考」というブログをはじめた。そのぼくたちのプロジェクトは好評で、ボスニア・ヘルツェゴビナではじめて書籍化されたブログとなった。以来、ぼくは数点の詩を発表し、サラエボにかんするもっとシリアスな写真付きエッセイ集『サラエボ—ぼくの町、出会いの場所』を出版した。

この間のぼくはずっと、戦争に巻きこまれた子どもたちをテーマにして、自分で何か書けないかと考えていた。何度か書き出してはみたけれど、すでにすばらしい日記が何冊も出版されていることを思うと、ぼく個人が提供できるものはたいしたものではないと考えた。そしてほかの人々と話しているうち、ぼくたちのだれもが独特なものを内に秘めていると気づいた。そうだ、この本をみんなに開放しよう、とぼくは決めた。

2010年6月、インターネット上で、戦争中のサラエボで幼少期を過ごしたことのある人々にむけて、「子どものあなたにとって戦争とはなんでしたか」という質問に、短い回想文で答えてほしいと呼びかけた。

友だち、スポンサーであるメディア、ソーシャルネットワークなどのおかげで、このアイディアは、戦時下のサラエボで育った世代にすぐに広まった。現実的な理由から、回想の舞台はサラエボに限定した。サラエボ以外の話も集め出せば、ぼくたちの手に負えないことはわかっていたし、サラエボだけでもものすごい数の回想文が集まるだろうと思っていたからだ。もちろん、これらの回想文だけでボスニア全体で起こっていたことがわかるはずはない。けれど、どの都市であってもどの戦争であっても、巻きこまれた子どもの体験は共通したものがあるに違いないとぼくは確信している。だからサラエボで育った人に限定し

て、呼びかけたのである。

　ほどなくして、世界のあちこちにいる人々から1,500以上のメッセージを受け取った。このようにしてこの本は、戦時下のサラエボで育った経験を調査したはじめての書籍となった。2年間の編集作業の後、この世代の物語を語る、約1,000のメッセージを収録することになった。釣り合いをとることを心がけつつ、主要な感情と頻度の高いテーマのバランスを合わせられるよう、回想文を順序立てることにした。

　この本では、間接的な回想はその一部のみを選択し、直接本人が体験した純粋な証言を多く収録することに決めた。似通った証言や内容の同じ証言であっても、戦時下で育つことの理解に役立ちそうであれば、あえて重複させた。

　こうした回想文のひとつひとつが、子どもにとって戦争とはなんであるのか、という問いへの答えである。それぞれの短い回想文の裏には、一個人と、その人独自の人生観が存在していることを、忘れてはならない。

文章を寄せてくれた人たち

　ぼくの推測では、戦時下のサラエボには、18歳未満の子どもたちがおよそ7万人いた。このプロジェクトに寄せられた声は1,000人以上だが、市の各区域、ほとんどすべての通りでの記録が収録できるように取捨選択した。

　参加者には、いちばんあざやかに覚えていること、戦後かなりの時間が経過した今でもまず思い出すことを――もっともよく覚えていることともっとも印象に残っていることの両方を――簡潔に書いてくれるようにお願いした。

　この本に回想文を寄せてくれたのは1974年から1992年に生まれた人たちである。そのなかの大半、874人(84.9%)が1977年と1978年に生まれた人たちである。

注目に値するのは、およそ20％（206人）が国外からの投稿だったことだ。サラエボで戦争体験をした子どもたちは、今や世界じゅうで暮らし、働き、勉強している。本書には、アメリカ、ドイツ、スウェーデン、オーストリア、ノルウェー、デンマーク、さらには香港、日本、カンボジアで現在暮らしている人の回想文も収録されている。世界のどこにいこうとも、彼らは、戦時下のサラエボの記憶を背負っている。

　呼びかけはサラエボに向けたものの、他の都市から送られてきた回想文も受け取り、検討した。最終的に、ヴィソコ、ゴラジュデ、ボサンスキ・ブロード、カカニ、トゥズラ、ゼニツァ、モスタル、バニャルーカなどからの声も、数点収録した。

　この調査の結果は、戦時下で子ども時代を送るという特殊な経験と、その影響を考察するときに役立つだろう。

迫撃弾の破片を持つ少女。

ちょっとした分析

　戦争のなかで育ったぼくたちは、爆発音を何万回も耳にした。この本に、「迫撃弾」と「砲撃」という言葉が何回もくり返し出てくることは驚くに値しない。138人（13％）が、短い文章にこの二つの言葉を織り交ぜている。

　地下室や地下食料庫が、戦時下の子どもたちにとってはできごとの舞台だった。107人（10.4％）がその言葉を使っているのは、そのためだ。地下室以外では、戦時下の子どもにとっては暗闇が舞台だった。29人が、暗闇、光がない、と書いている。

　戦時下においてもっとも頻出する感情は、恐怖である。95人（9.2％）がまさに書いている。「恐怖」。

　さらに、食料や水などの必需品が、戦時下の子どもたちにとって中心的な話題であることもわかる。70人（6.8％）がなんらかのかたちで「水」という言葉に触れ、42人（4.1％）が「空腹」「食料」という言葉を使っている。多くの人が戦時中の栄養補給の「ハイライト」として、「ランチ

地下室での授業。

本物の武器での「戦争ごっこ」。

子どもも給水の行列に駆り出された。

パック（配給食料）」(39%)「パン(33%)米(20%)、人道支援団体から送られてくる「イカール缶詰」(19%)などを挙げている。31人が、子どものころの好物としてチョコレートを挙げている。一度だけ食べたチョコレートだったり、チョコレートへの切望だったり、かなえられない夢の象徴としてのチョコレートであったりする。

心理学の文献には、子ども時代（幼少期）は遊びの時期だと記述されている。戦時下であっても、子どもにとって遊ぶことは重要なのだ。戦時下で、自由に遊べないことや、どんなふうに遊んだかについて書くとき、101人(9.8%)が、遊び、ゲーム、おもちゃ、遊び場という言葉を使っている。もっともよく登場するゲームはビー玉(10%)と戦争ごっこ(9%)である。

戦時下の子どもたちの独特な言葉には、ほかに、「死」(17%)「死ぬ」(16%)「負傷」(12%)「寒い」(17%)それからまた、「友情」(33%)「つるむ」(24%)「愛」(18%)もある。

短い回想の裏に存在する、人々と物語

投稿者とのやりとりは、戦時下で成長するという複雑な体験を理解するのに役立った。数百人の人たちとEメールを交換した。何十枚もの回想録や日記を送ってきた人もいて、その多くが、完全な書籍の骨組みになり得るものだった。こうした文章にも、できるだけページを割こうと試みた。

その回想文は、最初はさっと目を通しただけだった。「たったひとつの希望。『去って』しまった人たちが帰ってくること……」(本書145ページ)——それが戦争中に母親を失った、かつての同級生アミーナの文章だと気がついたのは、名前と生年を確認しながら2度目に読んだときだった。これは現在の気持ちではなく、当時の声だ。家族の喪失を嘆くほか

の回想とは違い、この一文には、子どもの無邪気な希望がある。家族の一員を失った子どもなら、だれでも疑うことなく抱く希望が。戦争中に育ったぼくたちは、こうした多くの短い文章に、それぞれ個人的な共感をどうしようもなく覚えてしまう。

　たとえば、戦時下で育ったことはどんな意味を持つかという問いに、アメル(1987年生)はこう答えた。「風船ガムの『チュンガ・ルンガ』……もらったときはものすごくうれしかった！　あんな幸福はそのあと感じたことがない」(183ページ)

　これを読むと、父のいとこだったおじさんが、ぼくにいつもチュンガ・ルンガを持ってきてくれたことを思い出さずにはいられない。おばさんがぼくの「おもりをしていた」ときは、おじさんはいつもチュンガ・ルンガを2個持って仕事から帰ってきた。戦争がはじまってまもなく、おじさんは悪名高き「クーラ収容所」*に連行され、2度と戻ってこなかった。サラエボの、カシンドルスカ通り出身者たちの遺体は、15年たって、ようやく集団埋葬地で発見されることになった。幼かったぼくがおじさんのことで覚えているのは、チュンガ・ルンガがうれしかったことだけだ。

　　　　　　*クーラ収容所はセルビア民族主義勢力がサラエボ郊外に
　　　　　　設置した強制収容所で、捕虜だけでなく非戦闘員数千人が
　　　　　　拘束され、さまざまな肉体労働に従事させられた。

　このプロジェクトの特徴は、まさにこの点にある。ぼくたちみんなに共通するいくつもの物語が、こうした短い文章の裏に隠されている、ということに。

　正確にいえば回想録や記録ではないが、ある一定の距離を置いて当時を振り返る文章があった。地球の反対側に住むイワナ(1983年生)から送られてきたものだ。「大人になった今、戦争が終わるまでサラエボにとどまらなかったことに罪悪感を覚える」(189ページ)。ほかのものと次元の違う彼女の言葉は、ぼくたちの注意を引いた。戦争を生き抜

いた子どもが、20年たっても未だに追い詰められているのだ。のちに送られてきたイワナからのEメールには、次のように書かれていた。

ヤスミンコさま
　Eメールをもらってから、どう返事を書こうかずっと考えていました。頭のなかでは100回も書き出しては終わらせ、手紙を折りたたんでいました。そのなかには多くのものが閉じこめられています。要するに、あの戦争のこと。あのころのサラエボのこと。あの人たちのこと。そうしたすべてのこと。多くのことが未だに私に影響し続けています。ともあれ、少なくとも今のところ、私の頭のなかにあることは言葉では伝えられません。
　これだけは言えます。あの町は、もし戻れたとしたら、少なくとも数日間は私の目がもっとはっきり見えて、もっと深く呼吸ができて、もっと強く心臓が鼓動する、そのことがわかる唯一の町だということです。

　イワナとのやりとりで、戦争が終わった翌年のことを思い出した。学校では、現場にいた者といなかった者のあいだにへだたりがあった。いなかった者は（例外はあったが、たいていはなんの理由もなく）、大なり小なり、のけ者にされた。それはまるで、いた者が、いなかった者への罰を与える方法をさがしているようだった。このようないじめに荷担したことはもちろん自慢できることではない。町に残るにしても出ていくにしても、子どもに選択権などないと気づくのに、時間はかからなかった。やがて、自分がやるべき唯一のただしいことは、大人のはじめた差別や迫害といった狂気の沙汰から、子どもたちを救うことだと気づいた。

　ナジャ（1978年生）は、自身の子ども時代を短い言葉で書いた。「日記を書いてた」(197ページ)。のちに彼女に会ったとき、現在でもノート

や日記を何冊も保管している人ほど、自身の戦時下の経験について簡潔に語るにふさわしいのではないか、と気づいた。彼女の記録のうち数点は、第3部に掲載した（日本語版ではページ数の関係で割愛した）。

　これまで、日記などの記録を持つ多くの人に会った。たとえばセルマ（1980年生）は身のまわりのできごとを書きとめているが、驚くべき感受性が読み取れる。そうした記録は、この本におさめるのではなく、べつの企画にゆだねようと思う。そこでは多くの貴重な、もっと子どもらしい、戦争のこともよくわかるゆたかな記録が書かれることだろう。そのほとんどは発表の機会を待っているのだ（本書にはその一部が収録されている。249ページ）。

　「窓を目張りした救急車に乗せられて、ぼくは父に訊いた。『家に帰ったら怒る？』」と書いたのは、アレン（1982年生。53ページ）だ。本書のアイディアを公表する数日前に、ぼくはアレンとオンラインで話をした。彼はフェイスブックに、負傷して友人たちとともに過ごしたときのことを書いていた。その話になんだか駆り立てられて、そんなふうに忘れられない体験をした人がこの本のアイディアをどう思うか、そしてなぜ何年もたって当時のことを共有しようと思ったのか知りたくて、彼にコンタクトをとったのだった。はじめから彼はこのアイディアを支持していた。彼と幾度も話したことで、戦時中に育った子どもたちは、自分の物語を語る機会を持つべきだというぼくの信念は揺るぎないものになった。

　戦時下で育つといっても、じつにさまざまな環境がある。オギ（1985年生）に実際に会い、話を聞く前から、彼が送った簡潔な文章がぼくの胸に突き刺さっていた。「とくに戦争中、孤児院で過ごすのって、それはそれは悲惨だよ」（65ページ）。そうした施設にいる子どもたちにとって、

戦争がどんなふうだったかを、ぼくは今まで考えたことがなかった。そういう意味で、集められた簡潔な回想文はぼくの期待に充分応えるものだった——ぼくたちの経験の、何十もの、何百もの側面に光が当てられるのだ。

　マヤ(1983年生)のことをぼくは覚えていないし、彼女もそうだと思うけれど、もっとも心を動かされたもののひとつが彼女の文章だった。「ハッサン・キキッチ通りでミレラ・プロチッチを失った日」(206ページ)。マヤとぼくは知り合いだったのかもしれない。いや、きっと違うだろう。けれどぼくたちの戦時下での幼少期は、もっとも痛ましい点で交差していた——なぜならぼくは最初からこの本のアイディアを、初恋の相手だったミレラ・プロチッチに捧げていたから。

　戦争中に育った子どもたちは、それぞれ自分の物語を持っている。かなしい物語かもしれないし、幸福なものかもしれない。それがどんなものであれ、その人の人生において重要な影響を与えている。
　実際に投稿を公募する前後に、「簡潔な回想文」というコンセプトが有効かどうか、かなりの期間試した。ずっと気がかりだったのは、160文字という(携帯電話のショートメールの上限)文字数では、思い出を描き出すのは不充分ではないかということだった。そんなとき届けられたアムラ(1986年生)の回想文が、ぼくのジレンマにたいする意義深い批判であり、同時に最高の応答となった。「これ、本当につらい。書いては消して書いては消してもう10回目だ……1行なんかで答えられない！彼女は死んだの！」(141ページ)この文章を読んで、ぼくは理解した。160文字は充分である。しかしそれにおさまりきれない思いを持った人たちの声にも、ページを割く義務がある、と。そのような人々が心に閉じこめたものを語るスペースも作ろう、というのが、この第3部の由来である。

サラエボ包囲戦——なぜ逃げられなかったのか

千田善

1,425日間の包囲戦

　ボスニア戦争の中でももっとも多くの犠牲者を出した「サラエボ包囲戦」は1992年4月から1995年10月まで約3年半続いた。ただし、町に自由に出入りできるようになったのは停戦の翌年1993年2月のことで、それまでの1,425日間を「サラエボ包囲」という。世界史上もっとも長い包囲戦だ。

　足かけ4年のあいだ、サラエボでは11,000人以上が殺された。そのうち子どもは1,600人。

　サラエボのまわりをかこむ丘の上から、セルビア民族主義の武装勢力が銃や大砲を町の中に撃ち込んだ。70年あまり前に日本が空襲されたとき、アメリカ軍の爆撃機は太平洋をこえて1,000キロ以上も飛んできたが、サラエボではたった数百メートル先から、いつも狙われていた。

　しかしサラエボの人びとも、ずっと防空壕に閉じこもってばかりでは生活できないので、水を汲みに（水道はずっと断水だった）、配給物資を受け取りに（まともに営業している商店などなかった）出かけた。見通しのよい道路などでは「スナイパー（狙撃手）」という兵隊に狙い撃ちされるため、建物の陰から陰に走ってわたった。

　戦争中も学校は休みではなかったので、子どもたちはがんじょうな建物や地下室を教室にして勉強をした。放課後は高い建物にかこまれた空き地で遊んだ。爆弾が真上から落ちてくると避けようがないが、子どもたちはそれでも、爆弾の破片のコレクションなどの新しい遊びを「発明」した。

多民族共存の理想

　ボスニアにはムスリム人（ボシュニャック人とも呼ぶ）、セルビア人、クロアチア人の3つの民族が暮らしている。3民族とも話す言葉はまったく同じ。見かけも変わらない。宗教と歴史の違いがあるが、サラエボなど都市部では、クリスマスやバイラム（イスラム教のお祭り）などでおたがいにパーティに招待するなど、仲良く暮らしていた。

　民族の違いを超えて結婚したカップルもめずらしくなかった。そういった人びとや彼らの子どもたちにとって、この戦争はいっそうつらいものだった（解説24ページ参照）。

　丘の上からサラエボを攻撃したのはセルビア民族主義の軍隊だが、セルビア人でもサラエボにあえて残って「民族の共存」の理想のためにたたかったものがいる。ボスニア軍最高幹部のヨビッチ参謀総長もセルビア人だった。

人質になったサラエボ市民たち

　この本の読者のなかには、子どもたちも両親も、どうしてそんな危ない町から逃げなかったのかと不思議に思う人もいるかもしれない。

　しかし、逃げられなかった。サラエボはぐるりとかこまれて、すき間は空港の滑走路だけだった（国連が管理していた）。滑走路を走ってわたろうとしても、スナイパーに撃たれる。多くの人が、ここで生命を落とした。

　一方、サラエボを守っていたボスニア政府にとっても、市民がどんどん逃げ出して行くと町を守れなくなるので、重い病気の患者など特別の理由がある人以外、町の出入りを禁止した。戦争がはじまって1年あまりして滑走路の下に秘密のトンネルが完成し、「外の世界」と連絡が取れるようになったが、軍人や役人専用だった。

　だから、サラエボの市民たちは逃げられなかった。「外からは爆弾の標的」「中からは人質」として二重に逃げることができなかったのだ。

ふだん通りの生活が意思表示

　軍人ではない一般の人びとの「抵抗の意思表示」は、普段着で生活することだった。戦時下でもみすぼらしいのはいやだと、女性ならちゃんと化粧をしてスカートにハイヒールという戦争前の通勤姿で外出した。

　戦争中も映画館や劇場はやっていた。ミス・サラエボのコンテストなども「ミス包囲都市コンテスト」として開催した。日本なら、文化や娯楽はまっ先に「自粛」するところだろうが、サラエボではこうした活動が戦時下の人びとの気持ちを支えた。

　さらに、爆弾が降ってくるひどい生活の中でも、ジョークを言って笑わせる。ボスニアに「イナト」（意地に近い意味）という言葉がある。普段着で、戦争の悲惨さを笑い飛ばそうとする「サラエボ精神」は、戦争という野蛮にたいして自分たちこそ人間的だと証明する「意地」そのものだった。この本にもあちこちに、悲惨な中にもニヤリとさせられる言葉がある。サラエボのユーモア精神は筋金入りなのだ。

　戦争から20年たっても、ボスニアは完全に平和になったわけではない。この本の執筆者たちは、戦争のことを忘れないことが（次の）戦争を防ぐ手段だと考えている。

包囲戦下のサラエボ

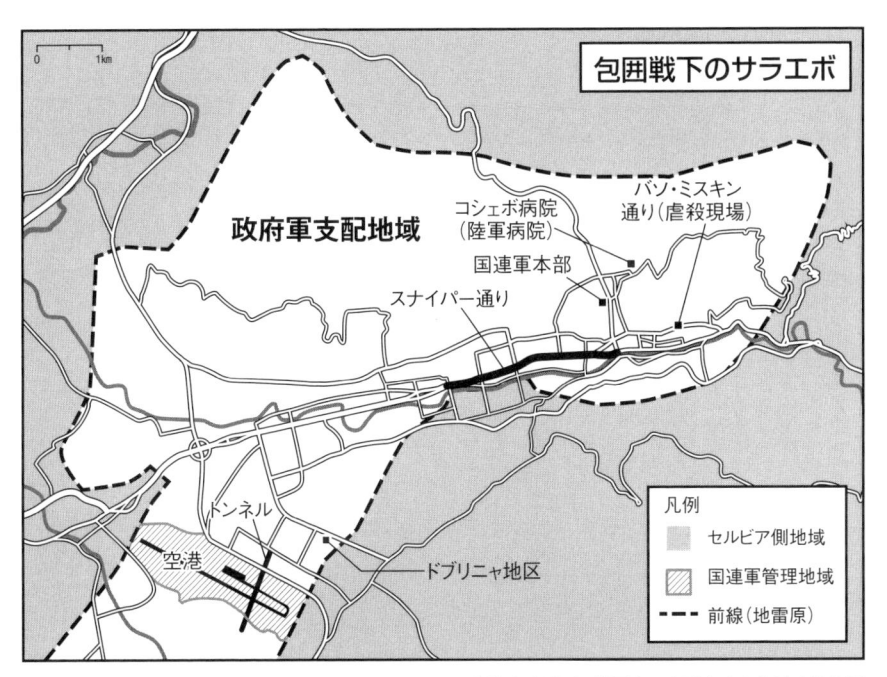

- 政府軍支配地域
- コシェボ病院（陸軍病院）
- 国連軍本部
- バソ・ミスキン通り（虐殺現場）
- スナイパー通り
- トンネル
- 空港
- ドブリニャ地区

凡例
- セルビア側地域
- 国連軍管理地域
- --- 前線（地雷原）

1992～95年のサラエボ。セルビア人勢力支配地域(灰色の部分)が市街地を取り囲むように広がっていた。左下がサラエボ空港。

第2部

あなたにとって、戦時下の子ども

※各メッセージの後ろには書いた人の名前(姓名の名だけ)と男女を表わすアイコン、そして生まれた年が記されています。

時代とは？

戦争の思い出──おもちゃのかわりに、銃弾を集めて遊んだこと！
　　　ザナ　1987

1993年の冬。しずかで、暗くて、寒かった。
外には、人の足跡も車の跡もついていない、まっさらな雪があった。
　　　サムラ　1983

想像しうる、もっとも過酷な状況での初恋と思春期。
　　　ヤスミンカ　1977

地下室でのビー玉遊び！　しかも毎日！
　　　ケナン　1980

圧力鍋で作るパン、爆撃中に遊んだ友だち、ささやかなものを手に入れるよろこび、いなくなったたいせつな人たち……
　　　ハリス　1978

いちばん近い地下室は、埃っぽくてかび臭かった。湿気、冬、木のベッド、コンクリート、ろうそく……何年も何年も。
　　　サニーダ　1979

恐怖。
4年もの長いあいだ、水も電気もなく、
あるものといえばそこらじゅうでの爆撃。
　　　ベドラナ　1979

おじいちゃんが市場から帰ってくるのを待っていた……でも今も帰ってきていないわ。
　　ズラータ🙂1984

窓を目張りした救急車*に乗せられて、ぼくは父に訊いた。
「家に帰ったら怒る？」
　　アレン🙂1982
　　*夜間、外に光が漏れないように車の窓やヘッドライトには目張りがされていた。

レンズマメ、涙、恐怖、暗闇、のどの渇き、寒さ、
そして笑わなくなったママの顔。
　　イルナ🙂1988

暗闇のなか、窓から星を見ようとしたら、焼け焦げた空が見えた。
　　ミネラ🙂1989

編みものをおぼえ、プーシキンを読んだ。
　　セルマ🙂1986

子どものころ、それは暗くて鬱々とした時期だった。
夏の光も、爆撃の薄闇で消されてしまう……
　　アデム🙂1987

世界じゅうに散らばってしまった友だち。
　　ディーノ🙂1981

あのときもう少し背が高かったら、今これを書いていないだろうな。
わずかに開いたドアから飛んできた銃弾が、私の頭のすぐ上をかすっていったから。
　　セルマ🙂1976

戦争中に子どもでいるっていうのは、つまり、学校に好きな子がいて、その子が迫撃弾で殺されるってことだよ。
　　ヤセンコ🙂1977

地下室のろうそくの光で、ギター、モノポリー、ドミノをしたこと。
　　アリサ🙂1984

子どものころのことを思い出すと、
好きだった味がよみがえるわ。
てのひらからこっそりなめた、粉ミルクの味。
　　アシヤ🙂1988

悲鳴、怒鳴り声、叫び声が聞こえて……
緊張して、こわかった……
ママがぎゅって抱きしめてくれると安心して、
愛されてるって思った……
さ、戦争ごっこをしにいこうっと！
　　エルマ🎭1989

水タンク、ビール工場、自家製石鹸、自転車、発電機、ラジオ、ブリキのストーブ、ランチパック*に入っている魚と豆のパテ、M&M'sのチョコレート。
　　アミラ🎭1982

*通称ランチ・パケット（食料小包）。UNHCR（国連難民高等弁務官事務所）などから配給された援助食料。1人分ずつランチボックスのようにパックしてある。

爆弾の破片集め。
　　アルミン🎭1983

おかあさんが有り金をはたいて買った卵を、私がお隣さんに見せたことで、おかあさんは腹をたててた
──その前の日、私は目玉焼きの絵を描いて泣いていたの。
　　ディーナ🎭1985

「殺されるくらいだったら、わざわざ家に帰ってこなくていい！」
　　レイラ🎭1979

ラジオ・ジードってラジオ局*があって、その放送を友だちと聴いているのがたのしかった。おかげで音楽も学べた。
　　　ボリス🙂1978

　　*包囲下にあって放送を続けたラジオ局。「ジード」は壁という意味。

秘密のドアをよく想像したわ。ドアを開けるとその部屋には、いつでも電気がついて水が出て、冷蔵庫もあるの！　しかも満杯の冷蔵庫！
　　　ブルーナ🙂1983

地下室の、間に合わせのベッドで眠れない夜を過ごした。
ろうそくの光で、アラン・フォード*を読みながら。
　　　ズラトコ🙂1984

　　*イタリアの漫画作品のタイトル。アラン・フォードとは主役の名前であり、彼は007ばりの諜報員である。1969年からスタートしたコミックだが、イタリアよりもむしろユーゴスラビアで圧倒的な人気を博し、現在もボスニア・ヘルツェゴビナやクロアチアなどで刊行され続けている。

かなしいことに、夢中で遊んでも、我を忘れるってことがなかった。
このことはずっと忘れない……
　　　アルディヤナ🙂1980

光る砲弾*を数えてた。

　　　ダミール🙂1987

　　*曳光弾のこと。

ローラースケートの靴やスケートボードを持っている人は、みんな、水タンクを運ぶ台車を作るために、「寄付」しなくちゃいけなかった。
　　メリハ☺1977

朝にふすま、昼にふすま、夜にふすま*。
　　ミラン☺1989
　　*小麦のぬかのこと。

1993年11月9日の涙。
「モスタル」*って場所がどこかも知らなかった……
　　マヒラ☺1982
　　*モスタルは、世界遺産の「スターリ・モスト」(古い橋。16世紀建造)で有名なボスニア・ヘルツェゴビナ第3の都市。スターリ・モストは1993年のこの日、戦闘のなかで破壊された。

たのしいことはそんなになかった。あるとしたら、電気がきたとき。それからサイレンが解除されたときかな。めったになかったけど。
　　ラシム☺1985

あの閉じ込められた感覚は思い出したくない。
でも、あのころの友情は思い出したい。
　　エミール☺1979

おばさん、あたらしいパンもらった？
私、この黒いのにもう耐えられないよ……
　　ナイダ☺1988

あたらしい靴もかんたんな読み物もない1年生。ランチもない。地下室のろうそくに先生が照らされていて……こわかった……
　　エナ☺1986

その日暮らし。
　　ベドラン🙂1982

いいことがあったとするなら、古いアルバムをめくる時間、そういう日々があったこと。
　　ネイラ🙂1983

先輩たちの球拾いを手伝って、ディスコに誘ってもらうのを待ってた。
　　エルベディス🙂1978

5時に起きて給水車を待ち、9階の部屋まで持って上がった。
　　アデリーナ🙂1986

暗闇。
ぼくの背はのびはじめたけれど、すべては止まった。
ぼくはすべてを失った。
　　ケナン🙂1979

通りで子猫を見つけたんだ。すごく痩せた猫。ミルクをあげたけど飲まなかった。パンは食べた。粉ミルクがいやだったんだな。
　　エルミール🙂1974

混乱。恐怖。ただひたすら、平和を待った。
　　サブリナ🙂1988

目を閉じると、
映画のワンシーンのように思い出が浮かぶ。
火薬のにおい、さみしさ、寒さ、空腹……
戦争は悪魔だ！！
　　アルバ🙂1985

ビール工場の井戸から水を運ぶ、絶え間ない爆撃、発砲、砲弾を数える、
負傷者と死者のニュース……
　　アルディヤナ🙂1981

この世でいちばんかわいい生きもの、
子犬を、煙草5カートンでもらった＾_＾
　　レイラ🙂1980

子ども同士すごく仲がよくて　毎日たのしく遊んでた……
　　ナイダ🙂1988

子ども合唱団「親指トム」で、ほかの子どもたちのためにうたった。
爆撃があろうとなかろうと。
　　ニーナ🙂1986

スープ皿の大海にマカロニをさがすこと。
　　アドナン☺1984

私にとって戦争とは、地下室で同い年の子どもたちと遊ぶこと。
そこがいちばん安全だったから。
　　エミーナ☺1987

長くて寒い夜、もっと寒かった昼間。
失われた世界、一瞬にして凍りついた時間。
二度とないことを願う……
　　アムラ☺1982

たった一度の閃光、爆発そして……
サニン、ベルマ、セナド、アルミール、ニハダ、ベリダ、シナヌーディン*
──子どもたちのゲームは永遠に終わってしまった。
　　エルマ☺1977
　　　*すべて子どもたちの名前。

恐怖、不安、喪失、勇気、遊び、笑い、希望
──それが戦争中の子ども時代。
　　サムラ☺1989

地下室で、電動バリカンで髪を切り、
カードじゃなくて爆弾の破片を交換していた……
　　アリヤ☻1981

銃弾、砲弾、地雷＝恐怖。
イカール缶詰*、12番のランチパック**、粉末卵＝空腹。
　　メリサ☻1986

　*EUの肝いりで人道援助用にイタリアで作られた牛肉の缶詰。ひじょうにまずいことで定評があった。
　**ランチパックは中身により番号がついており、とくに12番が人気があった。

かごの鳥を見ると足がすくむ。
92年から95年のあいだ、ぼくは自分をそんなふうに感じていたから。
　　エディン☻1983

棚に並べた爆弾の破片、ひと切れの米粉のパン……
　　シェイラ☻1984

戦争中は、戦争のことをわかっていなかった。
わかったのはもっとあとになってから。
　　エミール☻1985

ろうそくを作る油が手に入るとうれしかった。
ろうそくがあれば、読書で現実逃避ができるから。
　　ヤスミンカ☻1988

砂糖なしの紅茶。乾燥したカチカチのビスケット。
　　ニーナ☻1979

私も戦争で負傷した子どものひとり。
辛かったけど、友だち関係は今よりずっとよかったわ。
　　アリヤナ1980

言葉にできない何かが、私たちのなかにはずっとあると思う。
　　レイラ1977

夜。水をもらいにいくところ。2リットルのタンクを受け取る。砲弾が降ってくる。でもぼくは水運ぶ自分をものすごく誇らしく思ってるんだ。
　　ベダド1987

廊下。豆鉄砲。ガレージ。雪。ろうそく。バルコニーの菜園。赤みがかったグリーントマト。
　　レナト1984

不安。恐怖。希望。友情。
よりよき明日を夢見ること。そんな日がけっしてこなくても。
　　ジェシーナ1981

毎日毎日地下室を歩きまわってた。
年上の子どもたちとたのしく過ごした。
　　アマル1990

甘いランチパックがくるのはいつだ……うう。
　　ハリス1988

「ブルダ」*から甘いものの写真を切り取って
スクラップブックに貼っていた。
　レイラ☻1980
　＊ドイツのファッション雑誌。現在はクロアチア語版もある。

電気がくると言われていた日を指折り数えて待っていたのをおぼえて
る。結局こなくてがっかりしたことも。
　ミルサド☻1982

自分用のブレスレットを編めるようになってとてもうれしかった！
みんな持ってたの。
　アメラ☻1986

暗闇と恐怖。
1分は60秒、1時間は60分、1日は24時間、1週間は7日……
　ニコラ☻1985

地下室と非常警報、水飲み用の缶、雨水をためるバケツ、米粉のパイと
ランチパック。
　アリヤナ☻1980

アニメ「ニンジャ・タートルズ」の最後の5話をいまだに見ていない。
　　ナイダ☺1982

希望は失われたけれど、意識を高く持って、また再生させた。
大人になることの残酷さ、そして信じられないほどうつくしい友情。
　　ウェスナ☺1976

音でどこに爆弾が落ちたか当てっこしながら、ベンバシャ滝*で服を
洗ってた。
　　アズラ☺1978

　　*サラエボ市内を流れるミリヤツカ川の上流にある、高さ2～3mの人工の滝。夏はここで水遊びを
　　する。

濡れた靴下をはいて、ポリタンクを持って、震えながら給水車を待つ列
に並んでた。
　　オメル☺1989

アーケードのガラス屋根に反射する朝の太陽。
　　ダミール☺1987

パン屋でパン3個と交換してもらうためのビールケースをさがそうと、
地雷の埋まったサッカースタジアムに探検しにいったこと。
　　エディン☺1980

ベランダで、
タンクに入った5リットルの水で体を洗うこと。
自分のぶんさえ、もらえないこともあったけど。
　　マーシャ☺1988

オレンジ、みかん、バナナ、キウイの前で、
5歳のぼくは驚きのあまり立ち尽くしていた……
どういう意味か、これでわかるよね？
　　アマル🙂1991

とくに戦争中、孤児院で過ごすのって、それはそれは悲惨だよ。
　　オギ🙂1985

M&M'sのチョコレートが入っていればいいな、と思いながらランチパックを開けて、入っていたときのうれしさったら！
　　マヤ🙂1988

ぼくの幼少期：
おじさんの死、吃音（きつおん）、家の真下から発射される大砲の音、恐怖、暗闇！
　　デニス🙂1981

市場でチューインガムと交換するために、新聞にくるんである父の煙草を盗んだ。煙草ひと箱につき、ガム10個。
　　ベンヤミン🙂1982

ぼくたちは戦争生活を選んだ。笑い、遊ぶこと少しでもましなとした。

エディン🙂1984

ではなく

で、戦争中、
幼少期を送ろう

カードのかわりに、爆弾の破片を交換し、停戦のあいだはパルチザンとドイツ兵ごっこをした……私たちみんな、平和を夢見てた。
　　アムラ🙂1985

馬鹿でかい恐怖、レンズマメとマカロニ、赤いニシンか何かの缶詰、ぜったいに忘れられない最悪のイカール缶詰。
　　セミール🙂1988

なんでもないものがほしかった。
戦争中、私のちいさな妹の望みは、「肉スープ」で炊いたごはんを食べてみたいってことだった。
　　ヤスミナ🙂1982

地下室の古い自転車、ペダルを漕いでいるあいだは音の出るラジオにつながっていた発電機。
　　メスート🙂1984

パンのない朝ごはん、砂糖のない紅茶、そして卵──空想上の何か。
山々からの発砲音で目覚めると、砲撃の雨！
　　エディーナ🙂1978

希望以外、なんにも持っていなかった時期。
　　ネダト🙂1977

人道支援、水、爆弾の破片、
窓をふさぐナイロンシート、雪の日に、
車のうしろにつかまって滑ったこと……
　　サニン🙂1979

子どもだったころは、すっぽり恐怖におおわれている。朝、爆撃の音で
起こされるまでは、何がこわいのか本当にはわからない……
　　アネス🙂1987

パンの荷卸しを手伝うために、朝4時起床。
そして大きなパンをただでもらうの。
　　アミーナ🙂1982

戦時下の幼少期とは──笑顔、涙、夢のなかでの身震い、チョコレート
ほしさに毎日つく溜息……
　　ディヤナ🙂1083

M&M's入りのランチパック。
　　ネイラ🙂1986

ぼくの体験した、よろこびもかなしみも、幸福と不幸も、世界じゅうのど
んなものとも取り替えたりはしないだろう。それらがぼくをぼくにした
のだし、あんな生活でも、ぼくはそのまま肯定している。
　　ゴラン🙂1981

なぜこんなにピーナツバターが好きなのか？　それがあのころの、
たったひとつの甘いものだったから。
今でもピーナツバターのにおいと味は、私に勇気をくれるのよ。
　　　ジェナ 1981

冬。薪を抱えて学校にいく。人道支援。コップ1杯のミルク。家に帰る。
　　　ベルマ 1986

人道支援物資をめぐる、子どもたちの嫉妬。
お向かいの家の人たちはいつもと違うものをもらったのに、
私たちはまたしても、米とちいさな瓶に入った「レッドホットソース」
じゃないか……
　　　ミルサダ 1977

地面のにおい、じめじめした地下室の壁……
　　　ミリャナ 1986

息子を失ったおばあちゃんの痛みを
目の当たりにして、
「殉教」という言葉の意味を知った。
それがいちばんつらい思い出。
　　　アルディヤナ 1987

「宿題」と表紙に書いてあるユニセフのノートの、ページ半分を照らすには、蛍を入れた瓶だけでじゅうぶんだった。
　　エミーナ🙂1986

何か月か前線にいっていて、そのあと入院して帰ってきた父を、父だと理解するまでにしばらくかかった。
　　ムアメル🙂1990

92年の夏。戦争は、海への旅行を私から奪ったの。つらくて病気になったほどだった。
　　アルマ🙂1980

失われた数年間。でも同時に、忘れられない数年間。
　　ダミール🙂1975

ものすごーく古いけど、おいしいビスケット ^_^
電気がくるのを待ちきれずに寝てしまい、もしきたら、夜遅くてもいいから起こしてねと母に頼んだ。音楽が聴きたいから、と。
　　ミルカ🙂1985

父が出ていったときに心にあいた穴。今も残ってる。
　　スベトラナ🙂1992

おかあさんのハルヴァ*の味をおぼえている。
エレベーターで動けなくなっている子猫を見つけて、ツィシコと名づけてうちの子にしたことも。
　　アシヤ🙂1991

*穀物、ゴマ、野菜、果物に油脂と砂糖を加えて作る菓子。

チョコレートミルクのかわりに粉ミルク、雨どいから集めた雨水、
ろうそくの明かりでやった宿題、ほんものの友だち……
　　　アズラ🙂1982

私たちみんなで受け取りにいった水タンクは、今思えば、そのときの私
より重かった ^_^
　　　アルダ🙂1983

「あなたたちは電気がないことに慣れきってる。だからあなたたちはだ
めなのよ」 1995年、トンネルを抜けてサラエボ市内に入ってきた少
女が私に言ったこと。
　　　ハイラ🙂1981

5リットルの水タンク2つを持って、給水の列に並んでいたときの、
凍てつきそうな手と脚。
古くなったパンで作ったかび臭いケーキと、
それをチョコレート製であるかのように食べる、6個の口。
　　　ジェニータ🙂1977

おとうさんがトレベビッチの前線に発つ前に、
どうしてもう1回
キスしておかなかったのかな……
　　　エディン🙂1984

陽だまりとも公園とも、いわゆるふつうの遊びとも無縁に私たちは育った。子どもでいられる時間は奪われて、二度と取り戻せない！
　　ナイダ🅐1990

スナイパーが銃撃してきたとき、おかあさんが私をバスの床に押し倒し、上に覆いかぶさって守ってくれた。
　　ナイダ🅐1989

戦争と聞いてまず思い出すのは、地下室で友だちと過ごした時間だ。なんてたのしかったんだろう
——あれ以上のたのしいことを私たちは知らなかった。
　　アムラ🅐1978

この戦争が終わることはぜったいにない。死ぬまで私の人生は家までの200メートル、米ばかりの食事、たったひとりの友だちだけなんだ。
　　ナハラ🅐1979

最初に思ったことは、砲弾が落されている最中に、生まれたばかりの妹を病院から運び出そうということ。
狂気だらけのあのころの、私がいちばんわくわくしたことだ。
　　ナイダ🅐1986

戦争のなかで子どもでいることなんてできない。
不幸にも私たちは一夜にして成長し、大人と同じ心配をした……
　　エルディーナ🅐1980

戦争中の子どもは、リンゴだと思いながら玉ねぎを食べる。
何か月ものあいだ、リンゴなんて食べてないから。
　　アミーナ🅐1985

毎月1日に、人生でいちばんつらかった試練について、誇らしく思い出すんだ。
　　ハリス☺1985

地下、涙、ずっと泣いているママ、黒板のない学校、チョコレートの夢、三つ編みにした髪、恐怖、涙……
　　ジェナーナ☺1980

暗闇の寒さ……
　　ハリス☺1987

遊びかたやたのしみかたが、うんとシンプルになった！
　　カニータ☺1980

戦争中の幼少期。地下室、水運び、
でもいちばんに思い浮かぶのはマカロニ！
　　アルマ☺1983

子どものころの思い出といえば、サイレンと爆弾の音だけ……。
恐怖の記憶の痕跡のように、庭で見つけた銃弾。
　　エミーナ☺1990

親指トム合唱団、ユーゴスポルト＊、15分の授業、
圧力鍋で作る自家製パンのにおい。
山ほどのキャラメルとだって、
このパンは交換なんかしない。
　　アズラ☺1982

　＊セルビアのスポーツ用品メーカー。

木製テーブルの下の隠れ場所。
四方を壁に囲まれて、
いちばんのたのしみだったランチパックを
心待ちにして隠れていた。
　　アルミン🙂1986

友だちのディーナに、外に遊びにいこうって言ったら、心配そうな顔をしてだめだと言うの。
なぜって、もし爆弾で死んだら殺すわよってママに言われたんだって。
　　アムラ🙂1984

いつまでも消えない菩提樹と火薬のにおい。
　　ベドラナ🙂1982

今かけてるこの眼鏡——これは、ランプをともす食用油のにおいがこもった、風通しの悪い地下室で、私がどんな本を読んだかの証人なの。
　　ニハダ🙂1978

圧力鍋で作るパンのにおい。読書中のろうそくのにおい。
おとうさんが前線から帰ってきたときの、ほっとする気持ち。
　　レイラ🙂1981

子ども用食糧援助がジャガイモ1個と缶半分。私の友だちは通学路で
負傷したわ。つまり、子どもがとおっちゃいけない地獄だったってこと。
　　エディーナ🙂1975

怪我をして血まみれで運ばれてきたおとうさんは言った……
サッカーやってて怪我しちゃったよ！って。
　　ネイラ🙂1984

戦争中の夏の日々、猛暑、難民と捕虜の移送、
置いていかれるときに、かなしそうに鳴いていた私の犬……
　　アイダ🙂1981

子どもにとっての平穏とは、丘の上の男たち*が停戦宣言をし、
退屈な世界に住めるようになったときにしか、訪れない。
　　ヤスミナ🙂1987
　　＊市中に向けて狙撃や砲撃をするセルビア人勢力のこと。

木の銃をかまえて、
ダダダダダ！って撃ち合った。
ほんものの銃を撃つ男たちのことなんて
考えずに。
　　サニン🙂1988

ある意味では恐怖。
でもべつの意味では、
友だちと過ごしたすばらしい時間。
　セルマ1981

雨が降ってくると、すぐに樽かバケツを持って階段を上がり、雨どいへとダッシュした……
　メリハ1985

今も停電になると、子どものころを思い出す。
　アドミール1983

古い絵本をぱらぱらめくること。
　アイダ1981

おかしいかもしれないけど、たのしかったことを思い出すんだ。地下室でのパーティとか、ふざけまわったこと、玄関ホールの子どもたちだけの遊びや、年上の子どもたちとつるんでいたことなんかを。
　イルファン1986

学校へいく、横断歩道を走ってわたる、楽勝。
イカール缶詰、前線からパパが帰るのを待つ……
　アデラ1978

戦争とは、語ることのできない、あるいは語りたくない体験のこと。
　ダボール1980

エントロピー……暗闇……よどんだ空気……悲鳴と泣き声……痛み……沈黙……空腹と渇き……四方を囲む壁の外に出たいという心からの願い……
　　　アイラ🙂1988

恐怖と不安。
　　　マイダ🙂1984

砲弾、地下室、自転車で鳴らすラジオ、ガレージや地元の店で開かれる学校、夜中の給水車、ろうそくの明かりで読書。
　　　ハッサン🙂1981

「おれたち2人だけがロックしているのなら　みんなこう言うぜ
ぜっっっっっっったい　こんなことだれの身にもくりかえしてはならないと！！！」*
　　　エンダール🙂1978

　　　*1992年(戦争1年目)に発表されたケマル・モンテーノの反戦歌にして愛国歌(愛市歌)、ラブソングの歌詞。このフレーズの直前、「俺がどこにいるかって？　俺はぜったいこの町を出て行かない」。

戦争中、子どもの私は病院と隣り合わせだった、深いかなしみ、泣き声、絶叫、サイレンの音……
でも子どもたちでゲームをして、無邪気に笑うこともあった。
　　　アムラ🙂1983

戦争中に子どもでいるってことは、子どもではいられないってこと！

　　　セルマ🙂1983

ベランダのプランターに植えたトマトは
もう赤くなった？
　アネル☺1989

爆弾の破片を集める、両替をしにスーツケースをトンネル*まで引っ
ぱっていく、国連の輸送車を追いかけて走る、地下室からの脱出……
　ダミール☺1985
　*空港の地下に掘られたトンネルは、市街と外とを往き来することのできる唯一のルートだった。

国連軍の兵士たちに、バッジとジュースやチョコレートを交換しても
らった。
　メホ☺1982

毎晩服を着たまま眠り、爆撃音が聞こえるや、地下の防空壕に走ったこ
とをおぼえてる。
　セナド☺1990

半年も掃除機をかけていないカーペットに、たったひとつの卵が落ち
て割れたの……
　ドゥーシッツァ☺1981

水タンク、食べものと浜辺を夢見ること、93年11月9日(この日スターリ・
モスト*が破壊され、授業中に惨事が起きた)。
　メルサド☺1984
　*スターリ・モスト(「古い橋」)はボスニア・ヘルツェゴビナのモスタルのネレトヴァ川に架かる16世
　紀の橋。この日、クロアチア勢力の攻撃によって破壊された。その後2004年に再建され翌2005年、
　世界遺産に登録された。

自家製パン一切れを油に浸し、貴重なコショウをちょびっとふりかける。お隣のアカドさんちで。
　　ケマル🙂1982

ベトナムのビスケット*、米粉のパン、おもちゃにしてた爆弾の破片、でもときどきは外に出られてたのしかった。少なくとも最初の砲弾が落とされるまでは。
　　エリラ🙂1978
　　*人道物資のなかにはしばしばベトナム戦争時に作られた米軍のビスケットが入っていた。

地下室、マカロニ、2回焼きなおしたパン、砲弾、水タンク……
　　マーシャ🙂1981

おとうさんが甘いお菓子を持って前線から帰ってくるのを待ってたわ。前線が何かも知らなかったけど。
　　エナ🙂1991

おばあちゃんの揚げパンのにおい、ぼくらの住む高層マンションの管理人、ズゲンボさん。
　　アナディン🙂1988

たいせつな人生経験
——そこで私たちはみんな等しく追い詰められた。
　　シェフィカ🙂1976

遊び場と鉄格子窓との違い、
ふかふかのベッドと床の違い、
チェバプチッチ*と
配給されるランチパックの違い。
　アイダ☻1987
*皮なしソーセージに似た、細長い肉団子。

風呂で毎日眠ること。議会が燃えるのを見ていたこと……
　アレクサンダル☻1984

あの恐怖そのもののなかで、それでもうつくしいものとして思い出すのは、友だちと遊んだ時間、それからギター ^_^
　エニサ☻1977

いつまでも忘れられないシーンがある。
爆撃のなか、ぼくと妹を地下に連れていくときの母の表情だ。
　ファリス☻1989

戦争のあいだずっと、白いフィアット600を、オレンジのルノー4にぶつけていたんだ。できるだけ派手に衝突させて。
　アンゲル☻1985

肉とチョコレートが恋しかった……
　ネディム☻1978

はじめての恋、はじめての真の友情、はじめてのサッカー試合、はじめてのワールドカップ* ＾_＾
　　ネディム🙂1983

*1994年アメリカ大会をテレビで見たことを指すと思われる。

すごい皮肉――こんなにもおぞましいのに、でも、すばらしい子ども時代だったって思うんだ。
　　アレン🙂1977

昼も夜も爆撃から逃げて過ごした。おかあさんが、食糧と水の配給の行列から、無事に帰ってきますようにと祈りながら。
　　ダリオ🙂1984

恐怖の味がする粉ミルク。
　　イゼダ🙂1985

創造力があったから、閉じ込められたような場所で、子どもたちがいかに無邪気に遊べるか見せつけることも、自由も、作り出すことができた。
　　ダリア🙂1979

ブラーツァ方面*から爆撃があると、
私はいつも甲高い声で叫んだわ。
「だれかノックしてる！　ノックしてるよ！」
って。
　　ネイラ🙂1991

*サラエボの南西部の丘。

毎日何百個もの爆弾が落ちてくる。
おなかがすいてのどが渇いて、なんでもほしい。
でも笑ってた、
イカれてるみたいにしあわせだった、
だって生きてるんだ。
　　エルディン　1983

重い水タンクのせいでできた足のアザ。
　　マヤ　1987

朝の3時に両親に起こされて、私はよく熱供給プラントにいかされた
……家の暖炉で燃やす石炭を買いに。
　　マリク　1987

おとうさんの頭から真っ白に輝くレンジに滴りおちる血。
　　ミルネサ　1984

戦争といわれて思い出すのは、初恋、ファーストキス、同じアパートの
子どもたちと過ごした、くりかえすことのできない時間。
　　イレーナ　1978

もちろん、いいことなんてひとつもなかった。勉強も笑顔も遊びもたの
しみも、子どもたちは奪われたんだ。
　　エド　1988

おぼえていること。
「ママが死んだよ」と
それから、
「きみのパパが死ん
戦争の馬鹿野郎。

ミレラ🙂1981

パパが言った夜。

だよ」と言う言葉。

赤新月社*のマーク、缶詰のごはん、ポンプの水、ろうそく、ガラス用のプラスチックシート、火薬のにおい、死……
　　ボリス🙂1978
　　　*イスラム圏における「赤十字社」の名称。

爆撃のあいだ、地下室でアンデルセン童話を読んでいた。
　　アミラ🙂1982

人生で本当の友だちに会えた時期。
彼らは今も、ぼくのことをわかってくれている。
　　ワヒディン🙂1980

生きてるだけでしあわせだと思うこと、ランチパックと米粉のパイ。
　　ネジミナ🙂1987

防空壕、ドーナツ、ショー——ぜんぶ即興で用意したもの。
意地、一夜にして大人になること！
　　メディナ🙂1979

戦時下の大問題——ママ、何かお菓子ちょうだい(>_<)
　　エルマ🙂1983

怪我をして、目覚めた病院で、
隣に眠る母を見た瞬間。
　　アミーナ🙂1988

恐怖と、それでも何かあたらしい事件が
起きてほしいという強い願望のいりまじった、
無邪気な興奮。
　　イワナ🙂1986

ママ、いつになったら外で遊べるの？　地下室で過ごしている数か月
のあいだ、いやというほどくりかえした質問。
　　アルミール🙂1985

おそろしい、苦痛ばかりに満ちた幼少期。
　　エミーナ🙂1984

缶詰1個でにっこりできた。
「何もない」って言葉が当たり前の日々。
母の涙、あたらしいいのちの登場——弟ミルザ。
　　イネス🙂1988

給水を待つ列に何百もの水タンク。
空っぽの胃袋。考えることはただひとつ。早く終わってくれ！
　　アルディン🙂1980

そのアパートにいた6人の子どもで地下に集まり、いろんな遊びをした。仮装舞踏会を開いたこともある。
　　マイダ🙂1982

パンのかわりになるものがなんにもない。
これが、戦争中に子ども時代を過ごすってことだ。
　　ミルザ🙂1984

毎日暗闇のなかで暮らす、夜明けはけっしてやってこない、遠くをぼんやり見つめてる、戦争とは私の人生の消えないかなしみ。
　　マーシャ🙂1980

母の肘に高射砲の銃弾が命中した……さいわい爆発はしなかった。奇跡によって、母は腕を切断しなくてすんだ。神さまとお医者さんに感謝しています。
　　アルマ🙂1979

包囲されたなかでのパーティほどたのしいものはない！
　　ベリド🙂1978

ほのかなろうそくの明かりの下で、文字をおぼえ、手紙を書いた。怪我をして入院している姉宛の手紙。
　　エルマ🙂1987

戦争中、まだ8歳だったけど大人の女になった。
水を運び、市場へいき、妹の面倒を見て、
こわいなんて思っている暇はなかった。
　　ドラガナ☻1985

子どもに起こりうる最悪のこと。
　　ケナン☻1989

おばあちゃんの作ってくれたケーキが忘れられない。何から作ったのかいまだにわからないんだけど、チョコレートよりおいしかったの。
　　レイラ☻1991

真実の仲間、そして隣人というものを、狭い意味でも広い意味でもわかるようになった。よろこびとかなしみを分かち合うこと……
　　ハリス☻1982

93年から94年、ある月の半ばにべつのアパートに引っ越したのをおぼえてる……その月は人道支援を受ける権利をもらえなかったから。
　　ダニエラ☻1983

UNHCR*が張ったナイロンシート越しに、窓の向こうの景色が見えた。
　　エルマ☻1981

＊国連難民高等弁務官事務所の略称。

戦争中の子ども――薬莢で遊び、「花火」を眺め、地下室でビー玉遊び
をする……つまり生きていられればしあわせってこと。
　　　ネディム🙂1990

大混乱。
　　　エルマ🙂1981

現実とのつながりがぜんぶ崩壊し、
自分だけの魔法の盾に閉じこもった。
　　　ズラータ🙂1978

爆撃で学校は長期休暇！
　　　アディ🙂1977

白黒のロールケーキ、おかあさんのおなかの上で眠ったこと。
　　　エミーナ🙂1982

喪失、恐怖、落胆、痛み、暗闇、空腹、寒さ、いきなり大人にさせられる！
　　　デニヤラ🙂1974

通りで子どもたちはおしゃべりしてた。
みんな外に出てきて遊んでいると……
またサイレン。
それが私の子ども時代の音！
　　　ネイラ🙂1992

5リットルの水タンクを持って、
第1給水場を目指す、たのしいサイクリング。
　　マヒル🔲1982

爆撃とスナイパーの銃弾のなか、7キロ歩いて大学病院の歯科医院に向かう。
　　ミルザ🔲1984

まず思い浮かぶのは、ろうそくの明かりで読んだ何冊もの本。
くりかえし読んだものもある。それからキリル文字を勉強したこと……
　　ニーナ🔲1983

ぼくの幼少期！
　　ティムール🔲1988

「急いで地下室へ」「家へ戻ろう」、サイレン、地下の学校、かくれんぼ、
かけっこ、戦争ごっこ。それだけ。
　　エニス🔲1987

水タンク、砲撃、地下室、迫撃弾、イカール缶詰、軍服の父、配給のランチパックがうれしかったこと、人道支援物資を待つ列。
　ナイラ☺1981

ものすごい経験だった。
ほかの子どもたちにはぜったいに味わわせたくない！
　イスミール☺1980

おそろしくて、かなしかった……子どもでいることも許されず、だいじな人も奪われる……知らない人のやさしさ……希望。
　ドラガナ☺1982

地下室で、ほかの子どもたちとすごく仲良くなった。
宗教も国籍も関係なかった。爆撃のなか、ぼくたちはひとつだった！
　ダルコ☺1987

夢、おもちゃ、絵本、ドレス、通り、公園、すべて置いてきた。
何もかもなくした、思い出以外。
　アイダ☺1985

戦争の記憶といえば、友だちを失ったかなしみと、町の勇敢な人たちへの敬意だ。
　ラリサ☺1977

ベランダでおばさんに
抱っこしてもらっているとき、
頭のすぐ上を爆弾の破片が飛んでった。
　タリク☺1991

たった6歳で急に大人にさせられた。
かけがえのない人たちと
恐怖のなかに生きることになった。
　　アリサ@1986

満タンの水タンクを持って帰り、自分の「分け前」として「チキン・ア・ラ・キング」*のランチパックをもらうときの、最高のしあわせ。
　　アマル@1982

*マッシュルームや野菜が入った鶏肉のクリームソース煮。救援物資のなかでは人気があった。

一晩でいいからお風呂以外のところで寝たいって、妹と言いにいって、おかあさんとけんかした。
　　ボリス@1979

地下室でのかくれんぼ、ろうそくの明かりで友だちをさがすの……勝ったらジャムつきパンをもらえるんだけど、それもやっぱりみんなと分けてしまうの。
　　アネサ@1989

1965年製のすてきなブリキの箱……中身はビスケット。
ぼくよりずっと年上の虫を見つけるまでは、うれしかったな ^_^;
　　ミトハト@1984

イカール缶詰は奇跡！　猫ですら食べようとしないのに、私たちは仔牛のデミグラスソース煮を食べるみたいに幸福だった。
　　　レイラ🙂1978

地下室での暮らし。ありがたいことに、こわいと思うほどにはぼくは大きくなっていなかった。でも両親は気の毒だよね。
　　　タリク🙂1987

「チキン・ア・ラ・キング」、ユニセフのシート、爆弾の破片、水タンク……
　　　ズラタン🙂1986

子どもでいられる時間なんて戦争に抹殺された……
姉を奪い、私に怪我を負わせた砲弾のおかげで、私は大人になった。
　　　ミルラ🙂1988

おとうさんが、私と姉の自転車を改造して、水タンクを運ぶカートを作ってくれた。本当にうれしかった！
　　　アメラ🙂1977

窓越しに外を見ていた膨大な時間……
5分でいいから外に出してと
しつこくせがんでも、ぜったいにだめだった……
　アルマ🙂1982

＾_＾　｀∧´
　アズラ🙂1979

なんでもないときはいろんなものがほしいけど、戦争のとき、ほしいのはたったひとつ、そのなんでもないとき。
　アルディヤナ🙂1984

ドブリニャ*の「防弾ビル」と呼ばれていた建物のなかの学校に通っていた。その建物の前に砲弾が落ちて以来、学校はなくなったけど。
　アルディヤナ🙂1985

*ドブリニャはサラエボ冬季オリンピックの選手村として開発された地域。

矯正訓練。12歳のとき、自転車を盗もうとして、父に鞭でおしおきをされた。2度とそんなことを考えないように。
　アルミール🙂1981

笑うのも、好き嫌いを言うのも、こわがったりするのも許されない。
私たちは一瞬で大人になって、もう子どもには戻れなかった。
　ボリャナ🙂1977

私は9歳。防弾ビルと呼ばれてた建物の寒い地下室で、友だちと遊んでいた。
　エディーナ🙂1983

ランチパックを開けるときの、言いようのないほどのよろこび、忘れられないピーナツバターの味……
　　アルメディン🙂1989

毎晩夢を見た。たったひとかけらのチョコレートほしさに、自分はいったい何を差し出してしまうのだろうか……
　　メリハ🙂1982

シェルターで過ごした私に子どもだったころなんてない。
　　メリナ🙂1986

恐怖、地獄、痛み……人形もない、チョコレートもない、
おもちゃは砲撃の音だけ。
　　アニーダ🙂1985

暗い地下室、暗闇……そのなかにみんなで座って、
「いつ終わるんだ？　いつまた光を見られる？」って思ってた。
　　ケナン🙂1988

地下室に座っていたのをおぼえてる。銃撃や砲撃のたび、なんの武器でどこに当たったかをぼくらは当てっこしていたんだ。
　　ベタド🙂1984

今もそこから逃げられない過去。
　　エルディン🙂1987

どうしても克服できない、トラウマであり、
消えることのない恐怖心。
アミーナ🙂1982

93年、私と弟は、スノースーツのポケットに2つのキャラメルを見つけ
たの。1個を半分ずつにしてすぐ食べた。もう1個は、もっと悲惨になる
日々のためにとっておいたのよ。
イェレナ🙂1984

子どもにとっての戦争とは
──イリヤおじさんにちょうだいとせがんだ梨。
アミラ🙂1989

1992年の凍えるような秋、洗面器に雨水をためた。
芝生でボール遊びをしてたとき、頭上を手榴弾が飛んでった。
ダボール🙂1979

顔をあげて進め、やつらのせいで落ち込んじゃだめ。
あんなくだらないやつらのせいで。
アネラ🙂1980

人道支援物資バッグから取り出した石鹸をガブリ。
お菓子だと思ったの。
　　ファティマ🙂1989

これがほんもののバター？！
　　レイラ🙂1977

朝起きて、明日ってくるのかなと考える。
障害物よ！──それがつねにぼくたちを前に進ませる！
　　ミルザ🙂1983

砲弾が居間を爆撃し、ぼくは怪我をした。なぜ、と思う。
どうしてぼくはまだ子どもなんだろう？*
　　ジェナン🙂1985
　　　＊大人だと前線にいけるから。

ふつうとはまったくちがう方法で大人になった。どんなちいさなことで
も、しあわせだと思ってきた。
　　ジャナ🙂1981

ろうそくの明かりで読書、戦争ごっこ、
マリンドボール地区*で、
見たこともないほど熟した果物を
盗んだこと……
　　マヤ🙂1985
　　　＊マリンドボールは新市街の地域名。サラエボ大学本部近く。旧市街近くのビール工場までは往復
　　　約4キロほど。

現実逃避して、平和へと続くトンネルを抜けて、すべての子どもを救い出す、なんて夢を見てた。
　セルマ🙂1984

はじめて味わうジレンマ。
どっちを持ってく？ バービー人形？ それともはげの赤ちゃん人形？
　ジェミラ🙂1983

「戦争もいさかいもなくなれ。大人たちは嘘つきで、さまざまな奇跡でぼくたちを脅かす。おとぎ話はもうおしまい。戦争なんか、もうたくさん！」(ジョルジェ・バラシェビッチ*「戦争をなくしたい」)
　ウラディミール🙂1981

　*セルビアのシンガーソングライター。愛や日常生活のほかに、友情や平和をうたい、旧ユーゴスラビア全地域で人気がある。

戦争のころのほうがしあわせだった。
なんにも(電気も水も食料も)なかったけど、みんな今よりずっと仲がよかった。
　アドミール🙂1982

恐怖……いちばんだいじな人を失うこと。
　ナルツィサ🙂1976

粉末卵と粉ミルクにおおよろこびし、暗い地下で友だちと過ごし、5歳になってもいないのに水タンクを運んでた。
　ファリス🙂1990

銃撃の音をじっと聞いているだけで、何が起きているのかわからない。
11階のアパートの上空を、毎晩銃弾が飛び交っていたのをおぼえてる。
ぼくはそこで人生最初の数年を無駄にしたんだ。
　　　アマル🙂1990

はじめてもらったオレンジを壁に向かってシュートした。
そのちいさなオレンジは、本当はボールだって思いながら。
　　　アメル🙂1991

忘れられない体験。
　　　ネディム🙂1979

あんな時代に子どもでいることなんて、だれも望んでいない。
でも、選択の余地はなかった。
　　　ズラータ🙂1989

建物の前でずっとボール遊びをしていた。水くみや、砲撃のとき以外は。
　　　アレン🙂1981

いろんなことがあったにせよ、ぼくの幼少期は人のあたたかさで満ちていた。おもしろいおもちゃもたくさん作ったしね。
　　　ヤスミン🙂1983

サラエボを去っていく友人、学校閉鎖、ろうそく、水タンク、シェルター、ランチパック、何もかも不足……
　　　アシヤ🙂1985

自由へと続くトンネルの、順番待ちの人々の列。
それを窓から見ているとこわくなった。
ここに残る私たちはどうなるんだろうって。
　　ナジダ🙂1976

ごみ用コンテナに隠れているバキールに、何してるのって訊いたら、こう答えた。
「すべてが＜こんなはずじゃなかった＞かもしれない、ってことを、忘れようとしてるんだ！」
　　アネラ🙂1986

シェルターでやった、トランプゲーム。
　　イルマ🙂1981

92年、私の7回目の誕生日──ライススープ、ライス、ライスパイ、ライスカツ、ライスケーキ、ライスポップコーン、ライス・プディング、ライスコーヒー……
　　アドナ🙂1985

ちょっとおもしろいこともあったな……はじめてのキス……はじめて魚も釣ったんだった……
　　エミール🙂1982

食べたいって一気にぜんぶ自分だけのパほしかったな

ベドラン🙂1983

思ったら、食べちゃえるンがあ。

みんな同じ境遇だったから、とても仲がよかった。
あんなつらい状況のなか、たくさんの友情があった。
　　　イゴール🙂1976

ランチパックの入っていた大きなビニール袋をそりにして遊んだ ^_^
　　　メリマ🙂1984

「停戦」期間に遊んでいたら、不発弾爆発。
　　　アドナン🙂1981

おばさんがオレンジを買ってくれて、そのはじめての果物を、皮ごと食べはじめたらおばさんが「そうやって食べるんじゃないよ」って言うんだ。
それでぼくは「そうなの？」って言った。
「じゃ、この皮はぜんぶ捨てちゃうの？」って。
　　　アマル🙂1988

ぼくにとって幼少期は、けっして忘れられないもの。
痛みに満ちた、なんともいえない体験。
　　　ルスミール🙂1983

毛布のテントのなかでおかあさんと遊んだ。
今思うと、そうしてぼくを迫撃弾の破片から
守ってくれていたんだね。

　　　エルダール🙂1990

毎日は、
負けてばかりのビンゴゲームみたいだった。
でもほんものの友だちもできたし、
だいじな体験もできた。
　ベリーナ☺1979

戦争中に子どもでいること……不安そのもの。玄関ホールで過ごした時間。22歳になった今でも、公園で遊びたいという、言葉では言いあらわせられない衝動に駆られるの。
　アミーナ☺1987

ブルース・リーの「燃えよドラゴン」のビデオを友だちと20回以上見た。電気がきてるときは。ブルース・リーの動きをぜんぶおぼえちゃったよ。
　エネス☺1983

大人になるのが早すぎて、かんたんなことでしあわせを感じられる人間になった！　レンズマメがきらきらしてたのもおぼえてる！
　デヤン☺1984

戦争はとにかくイケてなかった。とはいえ、包囲下で過ごした時間のことを、ぼくは一瞬たりとも悔いたことはない。
　ヤスミン☺1980

不安。ものすごい不安。爆音がしたら走れ！　刑務所にいるみたい。子どもでいる自由さえなかった。
　アネラ☺1988

私たちは幼くて、何が起きているのかわからなかった。私はただ、銃撃がやむことと、水道からきれいな水が飲めることを望んでいた。
　アーニャ🅰1986

地下室で子ども同士遊び、パパが「旅」から帰ってくるのを待つだけだった……それってすごくいたましい記憶よね。
　リアルダ🅰1988

砲撃のせいで外ではできなかった遊び……恐怖、かなしみ、ショック、早すぎた成長、ほんの少しのいい思い出。
　ミレラ🅰1978

リヤド・ガルボ(1981 ～ 1995年)、安らかに眠れ。
卒業式*の前日、自分の「分け前」を買いにいき、それきり戻ってこなかった。
　アドナン🅰1982

　*初等科は8年制なので14歳で卒業を迎える。

地獄のなかのちっぽけな天国！
砂漠のなかの水一滴！
そこらじゅうにばらまかれた
悪意と憎悪の種に対する、
海ほどの愛！
　アドミール🅰1985

砲弾はこわくなかった。
ひとりでいるのがこわかった。
　　エミール🙂1989

「おじさん……」親友は、何か叫んでいる隣人に向かって言った……
「雨水をためるなら車のボンネットのほうがいいですよ」
　　エルディーナ🙂1979

粉ミルクで作った、40日前のライス・プディングなんてとんでもない
シロモノを、私たちは泣きながら飲み込んだ。
　　レイラ🙂1984

ナイロン製の袋に、私の子ども時代は隠してある。
それは、私が難民になったときに、家から持ち出したものすべて。
　　セルマ🙂1983

即興のゲーム。ろうそくの明かりでおしゃべり。地下室で遊ぶ
──これが私たちの子どもだったころ。
　　イレーナ🙂1989

たいせつな人たち、近所の人たち、友だちとのかけがえのない時間。
砲弾の最中も、砲撃のあいだも。
　　サネル🙂1977

子どもでいられる時間は半分になり、将来への不安は2倍になった。
　　フェジャ🙂1981

近所のお年寄りにもらったカチコチのチョコレートを、
時間をかけてちびちびと食べること
――それが、あのころのぼくの生きがいだった。
　　　エミール🙂1987

のちの人生のすべてを、あの戦争のときと比べてしまうという、
いやなトラウマ……
　　　ケマル🙂1982

神さまを信じること、自分と他者への気遣い、卒業式の中止、フォーク
ダンス、恐怖、緊張、不安……
　　　ハリス🙂1977

戦争中の幼少期とは、暗い色で描かれた虹だ。
　　　ナイダ🙂1990

爆弾破片集め。
　　　アディス🙂1983

ガスでも使えるよう改造した
木炭用コンロに点火するとき、
毎朝起きたちいさな爆発。
　　　スンチッツァ🙂1976

40平方メートルの地下室……そこに17人。
エディン🙂1987

毎朝の、ビール工場からマリンドボール地区への水運び。
ネイラ🙂1982

爆弾の破片や、ライフルの銃弾、迫撃弾のかけらをプレゼントされたときの、あの誇らしい気持ち。
ミルサド🙂1982

ランチパックに入っていた、茶色いスプーンのほうがパチンコ遊びには向いていた。白いスプーンは長持ちするけど、パチンコの石はあんまり飛ばないんだ。
ネジャド🙂1984

春のはじめのタンポポ摘み。それでママが作る蜂蜜は、格別においしかった。警戒警報が鳴ると摘むのはやめたけど。
アメラ🙂1988

ちゃんと子どもでいられた時期なんてない。
戦争のあいだじゅう、地下室に隠れていたんだから。
レイラ🙂1983

戦争とは何かを身をもって学んだ。子どものときに負傷したから。
　セミール☻1979

知らない、ってこと。鳥じゃなく、砲弾の飛び交う空の下で遊んでいた。1993年に父は死んだ。知らない、ってとてもさみしいことだ。
　ナイダ☻1989

私にとって子どもだった時期というのは、1回読んだだけで、二度と忘れられない物語……。期待。
　シェイラ☻1984

もらった人道援助パックに間違ってオレンジが入っていた。でも私が17歳になっていること*がばれて、とりあげられた。
　サネラ☻1975

　＊人道支援では「子ども」は16歳未満とされた。

生きたいという願い、もとどおりになってほしいという願い、恐怖よ去れという願い！
　アリヤナ☻1977

砲撃のあいだ、
スケンデリア*でずっと寝ていた。
おとうさんが地下に運んでくれたときも、
目を覚まさなかったんだ。
　ゴラン☻1987

　＊スケンデリアはサラエボの文化・スポーツ施設。オリンピックではフィギュアスケート会場になった。

お菓子もごはんもおもちゃも果物もない日々。
はじめておもちゃで遊び、
はじめてバナナとチョコレートを食べたのは、
95年*以降だ。
　　エルナド🙂1989
　*戦争が終わった年。

最低限の生活必需品も持たず、砲弾が降るなかを生き抜くこと。
　　イネス🙂1975

戦時下の幼少期とはつまり、今年の誕生日のプレゼントではなく、
来年の誕生日を夢見ること。
　　レイラ🙂1978

地下室でのぼくたち子ども同士の、すばらしい団結と充実！
そこではみんな、苦しみも恐怖も空腹も全員で共有していたからね。
　　エミール🙂1977

ぼくは子ども時代を、あのとんがり岩*から死の種をまく人たちにつけ
ねらわれて、自分のいのちを追いかけながら過ごした。
　　エディン🙂1981
　*シュピツァスタ・スティエナ山のこと。サラエボの北東2kmにある岩山。当時、砲撃陣地があった。

戦争のあいだはどんなにちいさなことにでもしあわせを見出した。
ランチパックのチーズほどしあわせを感じられるものって、今はもうな
いもの。
　　ミルザ🙂1985

一夜で大人になった。愛すること、失うこと、分かち合うこと、おそれることを学んだ……でも、憎しみだけはけっして学ばなかった。
　　レネタ🙂1978

すさまじい地獄。
ぼくが子どもでいられた時間なんてなかったと断言できる。
　　アルミン🙂1979

トランプ遊びやろうよ！
　　エディーナ🙂1983

走って！　スナイパーがいる！　ってママがよく言ってたけど、スナイパーが何か知ったのは、戦争が終わってからだった。
　　ティヤナ🙂1987

おもしろいこともたのしいことも、
友だちもいない幼少期。
罪のない人々のいのちを平気で奪う、
心なき野獣たちへの恐怖。
　　マリオ🙂1981

最初におぼえた英語は、
「プリーズ　チョコレート」。
ドブリニャ地区を通り過ぎる国連の
兵隊さんたちにそう叫んだの。
　　レイラ🙂1985

失われた夏、笑顔のないゲーム、苦い味、砲弾の音、血に染まった歩道、
空中砲火、眠れない夜。明日はましになるかもという期待。
　　アメラ🙂1982

大人になるのがつらかった……
　　モナ🙂1987

ピーナツバター、拾い集めた爆弾の破片が詰まった瓶、
電気がきたときの歓喜の叫び。
　　ディーナ🙂1984

銃撃がやむのを待って、たのしく遊んだ。
そのたのしみを、次の銃撃が奪うまでのあいだ。
　　ミレラ🙂1990

暗い地下で夏を待ち焦がれてた。
　　アイダ🙂1988

新鮮な牛乳って好きじゃない。粉ミルクのほうが好きだったな。
　　ジェナーナ🙂1989

あまりにも早く押しつけられた、成長という贈りもの。
　　マリオ🙂1981

かなしみ、よろこび、希望、空腹、初恋、恐怖、よりよき明日、不安、欲望、祈り、神への信仰！！
　　セルマ🙂1980

幸福。
　　サミール🙂1977

1992年4月、修学旅行の準備をしていた。
修学旅行じゃなく、地下室にいくことになったけど。
　　アデラ🙂1978

戦争中にいちばんつらかったことは──と、パパは言うの。
子どもの私がこう訊くことだったって。
「ねえパパ、爆弾の落ちない安全な隠れ場所を教えて」
　　ベリーナ🙂1984

右手でおじいちゃんの手を、
左手でパン配給の青い引換券を握ってた。
配給を待つ列のまわりじゅうで
爆音が響いてた。
　　アレン🙂1989

いくつかはおぼえてる。ぜんぶ聞こえてた。
戦争の音、爆弾の音、偉い人がつく嘘……
うんざりだった。
　レナータ🙂1990

「シュールレアリストのヒットチャート」*っていうラジオで流れてた歌詞。それがつまりぼくの幼少期さ。「地下室でビー玉遊び、シート越しに外を見る……」
　ファルク🙂1987

*サラエボで放送されていたコメディ番組のこと。当初はテレビで、戦時中はラジオで放送された。

地下室のにおい、太陽の下で遊びたいっていう気持ち、
母と別れたときの涙と、再会のうれしさをおぼえてる。
　アミーナ🙂1991

おもちゃの車の夢。
　ミルザ🙂1989

ぼくの名前や生まれ、何がそんなに気に入らないのかわからない。
路上のアスファルトにぼくの血を流させようと、そんなに躍起になるほど——
　エサド🙂1979

粉ミルクと、それをもらったときうれしかったのをおぼえてる。
　　　メリナ🙂1990

10歳のとき、死んだ友だちがトラックに「積みこまれてる」のを見た。そのあいだに散水車が血を洗い流していた。
　　　アムナ🙂1985

部屋の隅で音をたてる丸ストーブ。なかでは靴が燃料として燃やされて、上ではイカール缶詰がぐつぐついってる！
　　　ダミール🙂1981

戦時下の幼少期とは、日用品の不足。
それから、戦争のさなかとは思えないような不思議な事件に遭遇すること……
　　　ベルマ🙂1978

はるか遠くの地では、私と同い年の子がパーティをたのしんでいるというのに、私は水タンクを両肩に背負っていた。
　　　スアダ🙂1976

埃っぽい地下室、暗闇、恐怖……
でも生きてるって、
子どもの笑顔くらいすてきなことだった。
　　　エルマ🙂1983

薬莢をさがして集める……
なんて皮肉なんだろう、
たのしみなんて何ひとつなさそうなところで、
たのしみをさがしていたんだから。
　ナイダ🙂1978

兄といっしょに玄関ホールに敷いたマットで寝ていると、
外で銃撃音が炸裂！
　エミール🙂1991

最初の砲撃があった夜、地下室へ避難した。夢を見ているようだった。
　アントニア🙂1977

トロコおじさん*扮するサンタクロースに通りで偶然会って、袋入りの
チョコレートをもらった。
サラエボが包囲されていた数年で、唯一のチョコレートの味！
　アミーナ🙂1985

*トロコおじさんは俳優、演出家、コラムニストとして有名な人物。いつもサンタクロースの格好をし
　ていることでも有名。

恐怖と空腹。人を失う痛み。
　エディーナ🙂1979

何が起きているのかわからない、クイズのようにはじまった。
それは、子どもでいられる時間を奪い、友だちと親戚を奪った。
　ズラータ🙂1984

途切れなく続く死の恐怖、だから安心したかった。一瞬でもいいから！
　　エルビル🙂1980

ギターを習っていた。家に教えにきてくれる先生に、父は、前線で手に入れる煙草を謝礼として渡していた。
　　ナイダ🙂1982

廃墟を飛びまわって、バービー人形の古着をさがす ^_^
　　エミーナ🙂1984

何もかもふつうだと思ってた。
ぼくたちが何を失ったのか理解したのは、ずっとあとになってからだ。
　　ケナン🙂1991

ドイツの親戚からチョコレートが届いて、1日ふたかけだけ食べたんだ。
それ以上はダメ！
　　ディーノ🙂1989

ママが甘い味のケーキを作ってくれた。
それを、最高においしい
誕生日ケーキであるかのように食べた。
　　メリハ🙂1987

両手に水タンクを持って、
アパートまでの136段をあがる。
アドナン 1981

ほんのちょっとしたことでも最高にたのしいという、かなしい日々。
ほんのちょっと甘いだけで、すばらしく甘く感じた。
エミール 1985

さらにもう1度の停戦調印のあと、姉が訊いた。
「それってもう銃撃や砲撃がなくなるってこと？」
マリーナ 1978

混乱した感情と印象のモザイク。
何が、なぜ起きているのかなんて、4歳の子どもにはわからないから。
マジダ 1988

粉末卵と粉ミルクで料理する。
機転が利くっていうより、ブラックユーモアよね。
アミラ 1983

戦争というと、地下室のキャンプと、支援物資を開けるときのワクワク
を思い出す。
エルナド 1986

チョコレートの包
300枚以上あっ
でもひとつも食
味を想像してい

アイダ☻1985

み紙を集めてた。
た。
べたことないの。
ただけ。

あまりにもコーラが飲みたかったから、今では嫌いになってしまった。
　　　ロベルト🙂1982

きらきら光る砲弾＊が何発発射されたか、姉と2人で数えてた。
それでぼくは数の数え方をおぼえた。
　　　ケマル🙂1991
　　　＊夜間着弾点を確認するために用いられる曳光弾のこと。数発に1発の割合で用いる。

8階の自分の家まで井戸水を運んだ、雨水をためた……
　　　ケナン🙂1983

こんなひどいことが起きているのに、
いちばん好きだったのが戦争ごっこだったなんて、皮肉だよね。
バンバンバーン！って呼んでた遊びさ……
　　　アミール🙂1987

どこかの馬鹿のせいで失われた4年間……
　　　ミルナ🙂1981

毎日、不安と恐怖ばっかり。
　　　マリーナ🙂1977

イカール缶詰、M&M's、キャンディ、豆鉄砲、
段ボールで作った防弾チョッキ、井戸のバケツの凍った鎖、
銃弾の破片集め……
　　ケリム🙂1988

監獄、サバイバル、死。
　　アムラ🙂1982

ランチパック、とくにすごくおいしいピーナツバター入りのを待っていた。
　　レイラ🙂1988

パンのにおい。93年の冬、「四輪馬車」*という、料理もできるストーブを買って、おかあさんが最初にパンを焼いたときの。
　　アルマ🙂1984
　*4本足だったのでこの名がついた。

夏……捕虜交換……地下室で、私は冬服のままだった。「かわいそうに。グルバビッツァ*からきたにちがいない」とだれかがささやいた……
　　アナ🙂1979
　*グルバビッツァはサラエボ南部の労働者住宅街。戦前は他民族共存の街だったが、本格的市街戦がおこなわれたため、多くの住民が自宅を追われた。

戦時下の幼少期、私にとって人生でもっとも過酷で、もっともうつくしい時期だった。そのおかげで強くなったと思う。
　　マヤ🙂1978

砲撃の真っ最中、ママが給水をもらいにいったときの恐怖を、いまだにおぼえている。
　アミラ🙂1984

たった8歳で人生最悪を味わった。こんなに時間がたっても、その影響はぬぐえない。
　アズラ🙂1983

ふわふわのちっちゃいくまのぬいぐるみと、はじめてのバービー人形をベビーベッドに忘れてきたの。家に砲弾を撃ち込まれて、ぜんぶなくなったわ。
　イワナ🙂1982

対空射撃のなか、割れた卵がケースごとつめられたタッパーを抱えて、空港の滑走路を走ったこと＾_＾　｀∧´
　デニス🙂1976

アラン・フォードを読んだこと、
「イタリア'90」って
ワールドカップの雑誌の切り抜きと
ビー玉でサッカーをしたこと＾_＾
　ボリス🙂1988

すごくちいさなことが重大な意味を持つ。
　　エルビデン🙂1987

人生はゼロだという気持ち、それからもちろん、チョコレートスプレッド不足 (^_^;)
　　アルミール🙂1980

小学校2年生のとき、クラスメイトがスナイパーに殺された。昨日いっしょに遊んでいたのに、今日学校の席には花束があるのよ。
　　セルマ🙂1984

生き抜いた……でももっと遊びたかったって今でも思っている。2度と、だれの身にも起きてほしくない。
　　デニス🙂1981

1年生のときは車庫が教室だった。おかあさんが算数の教科書を図形ごと描きうつしていた、教科書は学年に1冊しかなかったから。
　　レイラ🙂1986

弾に当たる確率を下げるため、玄関わきにある柱のあいだの階段に座っていたこと。
　　マリオ🙂1978

世界でいちばん不幸な場所でのいちばん不幸な時代。
　　ムラデン🙂1985

近所の人たちと知り合いになって、砲撃のあいだいっしょに過ごし、
離れがたいほど親しくなった。
　　ベルマ🙂1977

癒えることのない傷、はじめて出会う悪意、母を失うかもしれないとい
う恐怖……ジグソーパズルの、欠けた1ピース。
　　アメラ🙂1984

鍋で揚げた黄色い豆が、私のいちばんのおかずだった ^_^
　　アシヤ🙂1978

本当にひどい時代だった、
それでもたいせつな人たちのおかげで今でもすばらしい思い出がある。
　　ヤスナ🙂1978

ろうそくの明かりで授業、米、レンズマメ、砲撃、スナイパー、ライフル、
爆弾……
　　エロール🙂1983

だれにでも起こりうる最悪のできごと。
戦争が父を殺した。
　　アルディヤナ🙂1987

少なくとも100人はいるシェルターで、
座ったまま眠ること。
ろうそくの明かりで勉強し、
国連軍の輸送車に手をふって、
缶詰を投げてもらうこと。
　　イワナ🙂1982

水タンク。ろうそく。コンテナ。大惨事。
　　ベルマ🙂1987

水タンク、人道支援、ときどき見かけるボスニア政府軍の金の百合！*
　　ネイラ🙂1981
　　*「金色の百合の花」はボスニア政府軍のマーク。

友だちを失い、恋をし、無理やり大人にさせられた……
　　マリーナ🙂1976

粉まみれの子ども時代(^_^)……粉ミルク、粉末卵、家のまわりは粉々、
でも私たちは明るかった！
　　ズラータ🙂1984

私は子どもだった……子どもが何かを恨んでも、その恨みがどのくら
いの強さかはわかってもらえない。
　　エミーナ🙂1985

眠る前には毎晩お祈りしていたんだけれど、戦争中のいちばんの願いは、明日は発砲がありませんように、外で遊ばせてください、ってこと。
　アレナ☺1982

弾丸が両足を貫通し、松葉づえを手放せなくなった兄。
　セルマ☺1990

ろうそくの明かりの下に集まる子どもたち、たくさんの愛と一体感。
　レイラ☺1985

音楽もカフェも知らずに大人になること。でも、たくさんの友だちと愛情を知ったけど。これが、戦争のなかの子どもよ。
　アイダ☺1977

まだおぼえてる。
母の「食糧貯蔵庫に急いで！　砲撃がはじまるわ」という言葉を。
　ニハト☺1984

地下室の学校、毎日違う、クラスメイトの家の地下室。私のアパートの地下で授業することになったとき、なんて誇らしかったことか。
　レイラ☺1987

サラエボ。
　ケナン☺1988

「戦争」って言葉を忘れたい。
その言葉を聞くとイカール缶詰を思い出す。
それにすっっっっっごくたくさんのいやなことも。
　レイラ🙂1987

アリパシノ地区で、おにいさんがスナイパーに狙撃されて死んだとき
のことをおぼえてる。おにいさんは私に、地下室にいけって言っていた。
　ジェナ🙂1991

レンズマメ、イカール缶詰の肉。交差点では走ること。赤新月社。砲弾の
音。ディーノ・メルリンの歌「幸運な兵士」*。
　ケナン🙂1989

*流行歌の題名。ディーノ・メルリンは民族の違いを超え、旧ユーゴスラビア全土で人気があった。

水に落としたビスケット ^_^
　アリヤナ🙂1978

おばあちゃんがぼくと近所のみんなに縫ってくれた迷彩服。
そのおかげで、完全装備で戦争ごっこができたんだ。
　ヤスミン🙂1981

かなしみと笑い。
戦争で家を奪われたかなしみ、子どもだからこその笑い。
　ケナ🙂1987

子どもでいられる時間の終了。
喪失感。電気や水道が通ったときのよろこび。
　オメル🙂1980

手紙に自分の手の絵を描いた。
　レイラ🙂1988

耳元で砲弾の音、目には涙、心に恐怖、生き延びるという誓い、
ボスニアへの愛！！！
　ミレラ🙂1979

ライラックの香り、愛、笑い、絆
──戦争に友人を奪われたことへの、やむことのないかなしみ。
　ニベス🙂1975

今は亡き父が戦争にいくのを窓から見下ろし、
声をかぎりに愛国歌をうたった。
　ゴラン🙂1989

戦争中の子どもたちは、
あまりにも早く大人になった。
　ディヤナ🙂1982

大人になるまでのいちばんいい時期を、恐怖、避難、嘆き、不幸、ときに空腹のなかで過ごした。
　ニザマ🙂1976

1995年7月、ヨーロッパのユースオリンピックに間に合うようイギリスにいくため、トンネルを通って町を出て、イグマン山を徒歩で越えた。トンネルのにおいを今でもおぼえてる。
　ミネラ🙂1983

大人の役目を演じることで、急速に大人になってしまった。自分たちの救急診療所まで作った＾_＾
　アムラ🙂1984

戦争の記憶は薄れる、
でも、今でも朝目覚めると、スナイパーのライフルやほかの武器のことが思い浮かぶ。これってふつうのことだろうか？
　ネジャド🙂1985

暗闇のなかで大人になること。
　ボヤン🙂1978

砲撃の音、弾丸の破片集め、ビスケットの茶色い箱、アパートの学校、前線から帰る父を待ったこと。
　　メリサ🙂1988

戦車が家のすぐそばにあったけれど、しばらくして砲撃された。少しでもましな明日を地下室でずっと待っていた。
　　アドミール🙂1981

クリームのかわりに弾丸入りのお正月ケーキ。
　　アマル🙂1985

薪でいっぱいのリュックサック、食べものの残りを犬にあげたこと、狙撃兵から逃げたこと、これらが、小学校最初の思い出。
　　アリヤマ🙂1987

はじめてサッカーボールに遭遇したのは、狭い駐車場だった。
　　アディ🙂1991

非常警報のサイレンが聞こえるたび、敵に向かって中指を突き立てた。
　　エミール🙂1983

父が出ていって、急にこわくなった。
その夜父は帰らなかった。その後もずっと。
　　デニス🙂1986

オトカ地区での大虐殺*のあと、
片方の赤いエナメル靴が道路に落ちていた。
それを履いていた子がどうなったのか、
ずっと考えてる……
　アルミン 1979

*1993年11月10日、住宅地への砲撃で子ども5人を含む9人が死亡、約40人が負傷した事件。

ランチパックの色つきキャンディをとっておいた。
誕生日、「不要不急のケーキ」のかわりに、それでお祝いしようと思って。
　アズラ 1982

恐怖、不安、病気、
ずっと忘れようとしているのに、こんなに時間がたっても忘れられない。
　サネラ 1979

人道支援品としてもらった缶入りビスケット。
　ラナ 1990

カード交換のかわりに弾丸の破片を集め、夜には、家族みんなが生きていられるよう神さまに祈った。それが私の幼少期。
　メラ 1984

スニッカーズのチョコレートバーとペプシコーラ1缶をもらって、
それは死んだおとうさんへのお悔やみの品なんだと気がついた。
　アフメド🙂1984

発砲がはじまると、ソファの下の寝袋に隠れた。
そのくらいちいさかったんだ。
　サラディン🙂1990

戦争のあいだ、ボードゲームもカードゲームもやらなかった。
ラミー *のコンテストがあったら、私、ぜったい1位だったわ。
　イルマ🙂1983

　　*トランプゲームの一種。

犯罪。
ぼくは無理やり戦争に、しかも前線にいかされた。未成年だったのに。
　サミール🙂1975

玄関ホールでの他愛ない遊び、
砲撃音へのものすごい恐怖、
その砲弾が近くに落ちるか見る興奮、
いりまじった恐怖と好奇心……
　レイラ🙂1982

火薬のにおいと砲撃の不快な「歌」を
ぜったいに忘れない　｀ﾍ´
　　ズラタン🙂1987

物干しロープに引っかかった、ズタボロのお気に入りタイツ。地下室の、
窒息しそうな湿っぽいにおいと、ネズミのチューチュー鳴く声。
　　ザリャ🙂1987

誇り。
　　エディン🙂1984

おとぎ話からホラーへの急展開。
　　サミール🙂1977

紙ナプキンのかわりに、いろんな種類の弾丸の破片を集めたこと！
　　アニータ🙂1978

壮絶な93年に負傷し、陸軍病院で過ごした数か月！
　　サニン🙂1981

前の人がビー玉くらいのジャガイモを落としたときのうれしかったこ
とといったら──戦争中でいちばんおいしいごはんだった。
　　アニサ🙂1979

恐怖、空腹、希望、成長、残虐さ！
　　セルミナ🙂1984

イカール缶詰の味。
戦争をテーマにした絵の展覧会を、ビルの地下室で開いたこと。
スナイパーが銃を撃つ音を聞きながらおこなったフルートのレッスン。
　　セルマ🙂1985

地下室でビー玉遊び。
　　アルマン🙂1987

いちばんの願いが、いつか食べきれないほどバナナを手に入れたいってことだった。
　　ヤスミナ🙂1983

アパートのリビング、私からほんの1メートル半離れたところに砲弾が撃ち込まれた。2度とごめんよ！
　　アナ🙂1988

戦争中だっていうのに、
包囲されたサラエボの町で、
ほかの子どもたちと遊んだり、
ぶらぶらしたりしていた。
目覚めたら何もかももとどおりに
なっていますように、って願ってた。
　　ヤスミナ🙂1980

6歳で、
1階から8階まで5リットルの水タンクを
2つ運んでいた。ときには1日何回も。
アイダ 1986

四方を囲まれた幼少期。
ディヤナ 1978

地下室、友だち、生き残れなかった人々。思い出すとかなしくなるときも
あれば、ほほえんでしまうときもある。・_・
セルマ 1981

好きな人といっしょにいるために、
ニュータウンの給水場で12時間も列に並ぶと申し出たこと ^_^
ダニー 1982

砲弾は、家のなかの3枚のコンクリート板を突き破り、
ベッドで寝ていたいとこを殺した。
セルマ 1985

スナイパーがねらっ
友だちが走って渡ろ
母親は髪を逆立てて
それを見てる2人の
賭けをしていたんだ。
彼が生き残れるか

マヒル 1978

ている通りを、うとしてたんだ。見守っている。男が

どうか。

砲弾が短くヒューッと鳴るときは近くない、ってこと。
サイレンの音で急いで家に帰ったこと、よその家のシェルターに避難したこと、弾丸の破片、車の電球……
　　　ムスタファ🙂1984

人生で、いちばん速く成長しなきゃならなかった時期、
子どもが持つべき気楽さが奪われた時間。
　　　ボヤン🙂1978

すぐそばの発砲！
　　　イルファン🙂1990

黒い包み紙のランチパックが届くとしあわせだった、
ピーナッツバターが入っていればもっとしあわせだ……
　　　アディス🙂1989

恐怖、暗闇、不安……戦闘……こんなの、幼少期っていえる？
どんな子どもだって、あんな目にあっていいはずがない。
　　　ジャナ🙂1982

戦争がはじまった年に、私が子どもでいられる時間は終わった。
18歳のお誕生日にもらったものは、人道支援のビスケット。
　　　アムラ🙂1974

一生ついてまわるつらい経験。
　　　レイラ🙂1987

今は亡き祖父が、
ソファの下からキャンディを見つけたときの
ことは忘れない……
キャンディはひとつ、家には6人の子ども……
　ミルザ🙂1989

これ、本当につらい。書いては消して書いては消してもう10回目だ……
1行なんかで答えられない！　彼女は死んだの！
　アムラ🙂1986

電気が通ったときのことをおぼえてる。
映画を見ながら、べつの映画のフィルムをフォークで巻き戻していたんだ。
　アドナン🙂1985

1992年8月、私は負傷した。そして暗黒の9月、15歳の弟の死。
それからずっと暗い穴が開いている。かなしみがいえることはない。
　エニサ🙂1975

頭上を飛ぶロケット弾の音と、子どもの笑い声の混じり合ったメロディ。
　ナミク🙂1988

暗闇のなかの恐怖、暗闇が去ったと思うやいなや、死のにおいが漂うんだ。トラウマと拷問！
　　　オメル🙂1985

地下室で過ごす夜、ブリキのビスケット缶の上で眠った、砲弾の唸り声がしょっちゅう聞こえた。だれだってあんな目にはあいたくないだろう。
　　　ダミール🙂1989

恐怖と苦痛に満ちた幼少期。
だけど、すべてを分かち合った友だちと過ごした時間でもある。
　　　ハリス🙂1976

5リットルの水タンクを持って、給水車を追いかけた……
　　　サミール🙂1977

雨どいの水をためたこと……
　　　ヤスミナ🙂1984

スナイパーが発砲するなか、7キロの道のりを徒歩で通学した。
　　　ビルダナ🙂1979

ぼくは4歳だった。
母が妹を妊娠中に、父が前線で死んだ。
その翌日、妹が生まれたんだ。
　アブドララフマン◉1988

ボスニアとヘルツェゴビナのいろいろな前線で、見張りに立っていた──それがぼくの子ども時代。
　エルミール◉1974

ほかの子どもたちとたのしく遊んだ、砲撃がはじまるまで……
　アドミール◉1984

アニメを見るんじゃなくアニメの話を聞く、そんな幼少期だった。
おとうさんは兄とぼくによくポパイの話をしてくれたっけ……
　エンサール◉1991

サイレンが鳴り、飛行機が上空を飛んでくると、おびえながら避難所に走った。次はだれが犠牲になるのか見ていた……
　アネル◉1987

窓の下に身をかがめ、きらきら光る弾丸を見つめていた夜……
　　　アズラ🙂1989

忘れられない何か——カオス。
　　　ムハメド🙂1976

今、2人の女の子の母親になってはじめてわかる。
私が外にいくと言うと、なぜ母があんなに怒ったのか。
　　　ハティジャ🙂1980

私が住むビルの階段の吹き抜けには、とてつもなくたくさんの物語がある。たとえば事態がしずまるのを待って、私たちがうたった歌が、まさにそれだ。
　　　メリマ🙂1987

1992年9月12日……砲撃……弟はもうどこにもいない。
たった9歳だった。
　　　ヤスナ🙂1983

浴槽で寝た。そこがいちばん安全だったから。
　　　アドナン🙂1986

テーブルに集まる家族、
ストーブの前に寝そべる犬のアクシー。
夢中で話したこと、それからランチパック。
　　　セルマ🙂1984

公園にジャガイモの種芋を植えた。
それから会員カードの必要な子ども警察……
へへへ、まだ持ってるんだ！
　ダリオ🙂1985

たったひとつの希望。「去って」しまった人たちが帰ってくること……
　アミーナ🙂1987

寒くて、おなかがすいていて、のどが渇いていた
……もっと最悪なのは、恐怖と、毎日届く死の知らせ。
　ビネサ🙂1982

私はベッドで眠ったことがなかった。
最初にぐっすり眠ったときに砲撃でこわい目にあったから。
　アミラ🙂1991

戦争中のすべてのいまわしいことと同様に、今でも続くすばらしい友情をおぼえてる。
　エルザ🙂1977

地下室の暗闇で、父不在で、母に抱かれて幼少期を過ごした、
砲撃の音を聞きながら……
　　アニーダ🙁1991

お気に入りの、百合のかたちのようなイヤリング ＾_＾
ランチパックの中身を取り替えっこした。
家に着く前に半分なくなっていた T_T
　　サビーナ🙁1981

シェルターで、海で泳ぐことを夢見てた。
海水だとどうして人は軽くなるのか、ずっと考えてた……
　　ダニーラ🙁1987

またガスが止まった、水も、電気も。
まあいいか、少なくともお昼ごはんは米じゃない。パンと砂糖がある！
　　オマール🙁1975

サッカーとかゲームとか、
ボール遊びとか遊び場とか、
だれもが抱く子どもらしいイメージが、
一夜にして、
まったく知らなかったものにとってかわる。
たとえば武器や死や、大虐殺だ。
　　アドミール🙁1984

ショットガン1丁、手榴弾10個、
ロケット砲を15歳で持っていた。
　ミルザ🙂1976

地下室の、コンクリート階段の下にある、私の安全な隠れ家。
　ニーナ🙂1983

スニーカーと、生ゴムをはりつけて修理した靴底。
　デニス🙂1981

母を失ったとき、子どもでいられる時間は終わった。
書くのはつらい……ひたすら心が痛む。
　ネフィサ🙂1977

子どものときは、ずっと現実から逃避していた。
「子どもでいられたときなんてなかった！」
　イネス🙂1988

水タンク、恐怖、パンの行列、行方不明の友だち、ろうそくの明かりに照らされる近所の人たち、地下室の学校で受けた、低学年の授業。
　マイダ🙂1986

おかあさんの即席チューパブツィ*。くるみみたいに硬かった！
　エディーナ🙂1990

*サイコロ状のスポンジケーキにココナツパウダーをまぶした菓子（戦時下でふくらし粉など材料が
　そろわず、カチカチに硬くなったものか）。

当時は、なんでもゲームみたいに思えた。
時間がたってみると、むしろ苦難のように思う。
　　アフメド🙂1979

うーーーーーーーーーーーーーーーーーーーん！
　　アルミン🙂1978

子どものときに戦争があったおかげで夢見がちになった。
今でも空想にふける癖があるんだ。
　　ズラタン🙂1981

薬莢、恐怖、迷子、ディーノ・メルリンのミュージックビデオ「幸福な兵士」を見て、自分があの少年＊だったらと想像したこと……
　　アルミン🙂1989

　　＊MVの中に子どもが兵士からお菓子をもらっているシーンがある。

割れたガラス、あたらしい火薬のにおい、埃。
　　メリマ🙂1987

私にとって戦争とは、ランチパックのなかに40年前、ベトナム戦争時のビスケットを見つけたときのよろこび。
　　ゴラナ🙂1988

ラテン語の勉強をすることに罪悪感をおぼえた。その日、私が一緒に遊ぶのを断ったから、ひとりでそりすべりにいった友だちは、砲撃で吹き飛ばされたのだ。

　　レイラ🙂1978

7歳の子が、
おとうさんが出ていったら帰ってこない
かもしれないと知ってる、というのは、
とんでもなくひどい話だ。
　ファルク　1986

砲弾のヒューッという音、窓のコンクリート板、UNHCRの青いノート、
ファティマ・グーニッチ先生*、不安、絶え間ない恐怖。
　アイダ　1985

　*小学校教師。1993年11月9日、砲撃のために3人の児童とともに死亡。居合わせた23人の児童も
　　重軽傷を負った。

迫撃弾と弾丸の破片、ロケット弾のパラシュート、それからいろんな口
径の薬莢、それらがぼくらのゲームでありおもちゃだった。
　ミルザ　1984

かごのなかの幼少期、
遊んで過ごすはずの時間を、ぜんぶ避難所で過ごした。
　サニン　1983

爆発の煙で曇る太陽。
大人みたいに強くならなきゃ、でもティーンエイジャーになってあたら
しい毎日をたのしみたかった――私は悪くない！
　エルマ　1977

窓に貼られたビニールシート越しに外が見えればいいのに。
外に遊びにいきたくて泣いていた。
　　　メリサ🙂1986

なんたる皮肉。戦争というたいへんなときにもかかわらず、私の幼少期は、人生でいちばんうつくしい時代だった。
　　　アルマ🙂1987

みんなおなかがすいて、のどが渇いて、裸足だった……子どもでいることはできなかった。でも、よりよき明日への希望や夢は手放さなかった。
　　　スラビッツァ🙂1980

子どものころと聞いて思い出すのは、戦争から父が帰ってくるのを待っていたこと……でも1993年10月23日、父は帰らぬ人となった。
　　　イルマ🙂1989

戦争という言葉の意味をよくはわかっていなかった。
でも、笑顔やよろこびとは無関係の、何かおそろしいものだってことはなんとなくわかってた。
　　　アメラ🙂1988

隣のアパートで砲弾が2発爆発したとき、
ぼくはとても冷静に、
それがRPG*だと言い当てて、
古い小説を読み続けた。
　　　エディン🙂1982

　　＊携行式の対戦車ミサイルのこと。

夜。好きな食べもの、バターと砂糖……
3歳のときはじめて食べたジャガイモ！
　　サイダ🙂1991

恐怖。友人や親せきを失った、とてつもないかなしみ。
でも何があっても私たちはふつうの若者みたいにしていようと努力した。
　　ハナ🙂1976

ビー玉、盗んださくらんぼの実、弾丸の破片や弾薬集め、
そしてもちろん戦争ごっこ＾_＾
　　オメル🙂1985

1993年10月、戦争は、ぼくの愛する人をうばった……初恋の相手が殺されたんだ。レイラ、きみを忘れたことはない。
　　アルミン🙂1982

子どものころといって思い出すのは、近所の墓地の庭園のにおい、
夏のひんやりしたろうか、木材が割ける音、豆……＾_＾
　　ケマル🙂1988

「グッドラック！」その言葉をおぼえてしまって、大好きな人たちがどこかにいくたび、グッドラックと言っていた……
　　　ミレラ🙂1983

洗面器を持って、雪を入れるために下に降り、家に持って帰り、融かし、暗闇のなかで体を洗う。電気がふたたび通り、水も、ブーンと鳴る音も、ガスももとどおり……
　　　フェダ🙂1982

遊びのなかに、弾丸と砲弾の音が混じってる！
　　　ミルザ🙂1985

最後におとうさんを抱きしめた、あの子どものころに帰りたい。
　　　セルマ🙂1987

乾燥して埃っぽい夏、
なんとかして海にいけるかもっていう永遠の夢……
　　　ニベス🙂1984

砲撃がはじまった。
避難するため、
おかあさんはぼくを玄関に引っ張っていくが、
いきたくなかった。せっかく電気が通っていて、
テレビでアニメを見ていたから。
　　　セナド🙂1989

弟が、
人道支援物資に入っていたチョコレートより、
台所用たわし「スコッチブライト」に
興味を示したこと……
　アルマ☻1985

夕暮れどき、耐えがたいほどしずかな道を歩いていて、ふいにおそって
くる不気味な不安。待つこと、その孤独と果てしない時間。
　ミーニャ☻1984

数メートルの差で、何度も死を免れた。
そう思い返しているあいだは、だいじょうぶ、だいじょうぶ！
　サネラ☻1979

恐怖、恐怖、また恐怖。血、血、さらに血。
　アルミン☻1990

ランチパック、イカール缶詰の牛肉、ニシンのトマト煮。それからもちろ
ん砲撃の音、弾丸の破片、あの場所につきもののあれこれ。
　エルマ☻1981

戦争中、ずっと待ってた……ついに3年生で新品のスニーカー、
それをはくときのわくわく感。
　サミール☻1986

はさみで2つに切っでも、寒くない時期

ダミール 1989

た毛布は暖かい。
だけね。

もう生きていない人たちのかわりに鼓動させるため、私は自分の心臓をずっと遠くに置いてきた……かなしみがいえることはない……
　　サミラ🙂1983

父の働くビルに飛んでいく砲弾を目で追いかけていた。
　　ハルン🙂1991

裏庭の焼け焦げた「ラーダ」*に毎日乗っていた。フェラーリに乗っているって想像しながら。フェラーリがどんな車だか知らなかったけど。
　　ベダド🙂1988
　　＊ロシア製乗用車の名。

親切なご近所さんが、
てのひらにキャンディをのせてくれたときの幸福……
　　マイダ🙂1982

少年の夢は悪夢になった。
　　ミルネス🙂1977

やっと手に入る鶏の卵が腐っていると知った子どものかなしみと絶望は、はかりしれないよ……
　　ミヤ🙂1977

子どもではいられなくなる
たくさんのつらいことがあったけど、
戦争中、私はたいせつな友だちを作った。
　　イェレナ🙂1984

イカール缶詰の質と中身に関する、
十分には解明されていない陰謀説。
　ハルン🙂1985

私は病院に運ばれた……警笛、ドスンという音……静寂。私たちは死の回廊*を無事通り抜けた。血管にあたらしい注射針が刺されたとき、息が詰まるかと思った。
　セルマ🙂1987

＊「スナイパー（狙撃手）通り」と呼ばれた新市街の大通りのこと。

ツナの缶詰、おたがいを助けようとする人々の無私無欲。
ひどいできごとを忘れるための、冗談と笑い。
　ファヒラ🙂1979

弾丸の破片集め、空襲警報、水タンクを持ってビール工場へ水をもらいにいったこと……
　ベルマ🙂1986

弾丸と迫撃弾の破片集め、炎のそばでの読書、ランチパックのチキン・ア・ラ・キング。
　ズラタン🙂1980

暗闇のなか、ランチパックのお菓子のマジパンと間違えて、着火剤を食べた……
　　マリアナ🙂1979

死体を見下ろして質問:「脳みそってピンク？」
　　イレーナ🙂1980

みんな同じ……
　　カニータ🙂1977

人道支援の列に並び、ランチパックのなかにM&M'sをさがすこと。
　　アリサ🙂1983

姉のアイダを失ったかなしい思い出。17歳と17日だった……
　　セルマ🙂1981

子どものときに戦争していたってことは、
こんなに平和な時代になってもトラウマだよ！
　　アミール🙂1979

今も「ふつうの」卵は食べない。
私にとっては粉末卵が最高だった。今でもあったら食べるだろうな。
　　アニータ🙂1987

恐怖、空腹、最悪よりもっと悪いニュースを待ち構えること、
無理やり大人にさせられたこと。
　　イルマ🙂1982

涙と痛み、父は殺され、二度と帰って来なかった。
　　アルミール🙂1988

豆鉄砲＝豆を使った戦争。
　　マリク🙂1986

その後の人生にこんなにも影響し続けるのに、自分のまわりで何が起きているのかまったくわからなかった。
　　セイラ🙂1984

国連の白い車両と、青いヘルメットの人たち。
　　アデム🙂1990

砲弾の音を聞いたときの恐怖、
私が叫ぶのをやめさせようとおばあちゃんがついた嘘、
太陽のない4月。
　　　エルマ🙂1984

砲弾が落ちるたび、私はママに言っていた「あれ、ただの雷よ」。
　　　サミーヤ🙂1989

ちっぽけなことによろこんでいた。
ふつうに暮らしているように見せかけて、いつも現実逃避していた。
　　　アメラ🙂1978

戦争……
避難、母の涙、恐怖、血、ときどき食べるかび臭いパンの切れ端……
　　　エルマ🙂1991

前線から戻ったおとうさんが10個のガムをくれて、兄といとこたちと
分けた……
　　　アニサ🙂1988

父が殺された。
　　　カセマ🙂1979

ブレカ地区のみごとなさくらんぼの木の下で、寝そべってその実を食
べていた。
そのころ、「わが軍」の迫撃砲はポリネ地区*を破壊していた。
　　　ハリス🙂1980

　　*ブレカは前線に近い地区、ポリネはセルビア人勢力側の陣地があった。

子どもにとっての戦争とは、
15マルク*もするチョコレートバー「ブラツォ」。
高くてだれも食べられない。溶けてなくなる。
子どもでいられた時間みたいに。
　メニル🙂1989

*15マルクは約1000円。現在のボスニア・ヘルツェゴビナの通貨は兌換マルクと呼ばれる（略称KM）。2002年まではドイツマルクと等価であったので、この名がある。現在は1兌換マルク＝約0.52ユーロの交換レート。

えーと、近所の人のことを考えてた。
その人のおとうさんは大金持ちにちがいないって。
だっていつもあたらしいガムを噛んでたから ^_^;
そのガム、どっから？
　アルマ🙂1978

砲弾のうんざりする音と、母の言葉「逃げて、1発きたら、すぐ次がくる」
　サムラ🙂1985

1992年5月12日、すっごいプレゼントをもらった。弟だ。
　ネルマ🙂1986

戦争中、子どもだった私が、戦争をやめってって強く願った瞬間をおぼえている。友だちが死んだときだ。
　ヤーニャ🙂1981

地下室のかび臭いにおい、湿気、砲撃されたときに舞うほこり、
「白い牙」*という本の隣で燃え尽きたろうそく。
　　　ビルダナ🙂1987

＊ジャック・ロンドンの小説。

大惨事。
　　　ミルネル🙂1986

11歳のとき、友だちが腕から弾丸をえぐりだすのを手伝った。
私たちは生き残り、今も生きていて、子どももいる。
でも、そうじゃない人もいる。
　　　アリサ🙂1980

ぼくにとっては、一種の冒険であり忍耐であり恐怖。
両親にとっては、サラエボの防衛は成功するかどうかってことだった。
　　　セミール🙂1979

恐怖。砲弾のブーンって音。弾丸のヒューって音。叫び声。死亡ニュース。
そして、こんな日々もいつか過去になるという希望。
　　　アイダ🙂1977

地下貯蔵庫のドアのフックにかかっている父のライフルが、翌日も同じところにあるかどうか考えていた。
　　　タリク🙂1991

戦って、たいせつにしていたものを すべて失った。防衛してもまた敗北……

　　　ボヤナ🙂1984

世界でいちばんの親友ができた。
すぐに大人にならなきゃいけなかったけど、
一瞬たりとも後悔していない。
　　マリーナ🙂1981

かみなりみたいに砲弾が響くなか、
玄関ホールの階段に寝そべっていた。
忠実な友である犬がぼくの頬をぺろぺろなめていた。
　　ダミール🙂1985

記憶のなかの黒い点。
　　アルマ🙂1979

ヒューッという砲声混じりのギターの調べ、赤いハンカチ、血、叫び声、
1992年10月4日、世界は崩壊した、エルディンが死んだから。
　　アルディヤナ🙂1983

子どもだった時期なんてなかった。
意味がわからないまでも、「チェトニク」*という言葉が本気でこわかっ
た。今もその影響下にある。
　　サネラ🙂1987
　＊セルビア民族主義の民兵の呼び名。

ラジオで音楽を聴いていた。
だれかが交代で自転車のペダルを漕いで発電してくれたから。
　　ヤスミナ🙂1979

おぼえているのは、米粉でできたチーズパイ。
乾いたパン屑で作ったミートパイ。豆のパテ。
　　エルベディナ🙂1988

姉とチョコレートを分け合った。
姉はひとかけ齧っただけで、残りはぜんぶ私にくれた。
私がうんとちいさかったから。^_^
　　ウェスナ🙂1987

戦争中に食べたチョコレートは忘れられない。
なくならないように、毎日半かけらずつ食べたの。
だから忘れられないのよ。
　　アンジェラ🙂1982

一種の重圧、期待、明日はよくなっているという希望。生き延びること。
　　エドハト🙂1984

1992年5月2日を忘れない。
郵便局が燃えていた。
いや、正確には、サラエボじゅうが燃えていた。
あの日はぜったいに忘れない。｀∧´
　　イナ🙂1980

まず思い出すのは、
洗面所わきの部屋の隅のマットレス。
警報が鳴ると
ぼくたちはみんなマットレスの下に隠れた……
近所の人まで。
　アメル🙂1990

私が子どもだったとき。すばらしかった。
　セルマ🙂1988

痛み、かなしみ、傷あと……
　エルビル🙂1981

砲撃中、同じビルに住む子どもたちと、ランチパックのビスケットを食べながら、ミカドゲーム*をしていたこと。
　アズラ🙂1979
　*欧米ではポピュラーな、竹ひごを使ったテーブルゲーム。

1年生、地下室の学校で最初の授業の日、砲弾が落ちた──学期末の通信簿は、冊子ではなく、ふつうの紙に書かれていた。
　アイダ🙂1986

ろうそくのにおいとライフルの音、苦い味、地下貯蔵庫の暗さで、何度も何度も目が覚めた。
　エサド🙂1987

165

たったひとつのお願い：神さま、私を殺さないで！
　　アムラ🙂1979

雪の日、ちいさな女の子がチョコレートを持っている光景。
その子はおにいさんのお墓にチョコレートをそなえる。
でも、おにいさんがもういないということの意味はわかっていない。
　　レイラ🙂1982

食べるものを求めて、サラエボ近郊の町を何日も何時間も歩いたこと。
14歳だった。
地下室の学校、暗闇での読書。
　　タマラ🙂1980

ある意味、だれの身にも起こりうる最悪のできごと。
またべつの意味で、ほかではぜったいできない体験。
　　マリオ🙂1977

子どもにとっての戦争とはつまり、すさまじい砲撃音と、絶え間ない恐怖に満ちた夜の連続！

　　エイラ🙂1984

やつらは私たちから自由を奪った……
でも私たちから無邪気な笑顔を奪うことは
できなかった ^_^
　レイラ🙂1981

夕暮れどき、トレベビッチ山から砲撃がはじまった、
ムルコビッチからは大型の機関砲。近所じゅうが途方に暮れる……
　ベリド🙂1987

大人にとってもおそろしいことを、子どもが経験するとき。
　レイラ🙂1991

豆と米、中身なしのパンばかり。運がよければ玉ねぎ少々。
　アレン🙂1979

幸福と満足——かなしみと痛み。
　ファルク🙂1984

子どものときに戦争が起きたせいで、私のなかの子どもは永遠に死ん
だ。あたらしい試練に向けてひたすら鍛えさせられた。
　ジェナーナ🙂1985

シェルターで過ごしたことをおぼえてる。がまんできないほど寒くて、
汚くて、でもいちばんつらかったのは、空腹を我慢すること。
　アメラ🙂1983

強制的に大人にさせられ、おもちゃのかわりに、戦争にかんするあれやこれやを手に取らされた、人生の一時期。
　　アドナン🙂1984

弾丸より速く、砲撃より強く、戦闘機より自由──子どもがよろこぶもの、それは愛！
　　バキール🙂1989

毎朝目覚めるたびに感じる恐怖、鳥の鳴かない静かな朝……叫び声、唸り声、不安……私の味方は、ぎゅっと握ってくれた母の手だけだった。
　　レイラ🙂1985

まあ、よかったよ……
人殺し、発砲、血、不眠、不安、空腹、寒さ、そんなものがなければね……
　　アドナン🙂1980

何も持っていなかった、でも生きているだけでしあわせだった。
　　レイラ🙂1983

地下室は寒かったから、いつもウールのソックスを穿いて、帽子をかぶり、服を着込んで寝ていた。
　　ステラ🙂1978

実現不可能な夢。
　　アドミール🙂1981

砲撃と銃弾の雨でさえ、
私たちのなかにあるきれいなもの、
遊びたいという気持ち、
子どもでいられる時間を殺すことは
できなかった。
　レイラ🙂1976

質問:ママは明日どんなごはんを作るの？　なーんにもないのに？？？
　アミラ🙂1986

がんばって成長し急いで大人になった。自分のいのちより、たいせつな人たちのいのちを失うことをおそれながら。
　サムラ🙂1980

地下室で過ごしたどんな短い時間も、1年に思えた。
キャンディとか砂糖というのは、実体のない「抽象名詞」だった……
　サニン🙂1981

戦争中に子どもだった私は、かぼちゃの種のまわりをオムレツとして食べられることを学んだ。なかなかおいしかった。
　メルシハ🙂1977

芯が燃え尽き、数滴油のうく汚れた水に浮かぶ、灯芯
――もう本が読めないことに絶望していた。
　　　マナ🙂1982

子どもを子どもらしくさせてくれるものの何もない、暗い、泣いてばか
りの成長期――ゲームも笑い声も愛する人の笑顔もなく……
　　　アドミール🙂1984

恐怖、空腹、苦しみの数年間――でも精神的な深いつながりもあった。
　　　センカ🙂1987

父が前線から無事で帰ってくると、たまらなくうれしかった。
　　　アルネラ🙂1988

暗い――どっちを向いても壁、湿気に窒息しそう……
太陽を返してほしい。
　　　メリサ🙂1980

唯一暖房の効いた部屋で体を洗った。砲撃がはじまったらすぐ逃げら
れるよう、服を着込んでベッドに入った。
　　　ベリーナ🙂1983

1994年の夏の日、
川沿いの土手を自転車で走っていて、
スナイパーに見つかった。
ビール工場に水をもらいにいく途中……
　　　サルミナ🙂1979

なんという幼少期……
なんとたくさんの人の死を見ただろう、
ひとりだって多すぎるのに！
　　アリサ🙂1978

戦争ごっこ。砲弾が落ちているあいだにいちばん熱い破片を拾った人は、だれでもその日の王様！？
　　ミルザ🙂1986

1992年4月……わがドブリニャ地区、C5街区、静かでよろこびにあふれた場所だった……最初の砲弾が落ち、最初の飛行機がやってきた、あの運命の日までは……
　　マリオ🙂1977

雪のように白い靴下……おかあさんは洗剤なしで洗ってくれた！どうやって？　暗闇の力か、太陽の魔法で……？
　　ヤスミン🙂1981

ろうそくの明かりのなか、玄関ホールでたむろしていた。
　　エルフリド🙂1985

今日は寒い、外でもする、もうだれもしない……どうなるれ……ほしいのは

マリアナ🏝1980

は銃撃、爆弾の音
地下室にいこうと
の……なるようにな
リンゴ1個。

電気が戻ったああああ！　15人の仲間全員で叫びながらおもてに出た、サーカスがきたときみたいに。
　　ダルコ🫥1981

セルマ。彼女には双子の姉妹がいたけれど、私たちはいつもいっしょに座ってた。彼女が死んだ日、私は大人になった。
　　スンチッツァ🫥1982

いちばんよくおぼえているのは区役所＊の配給所で「借りた」ピーナツバターのこと……
　　アマル🫥1989

＊原文では「地域コミューン」。町会事務所のようなものだが、公式の行政機構の末端。ピーナツバターをちょろまかしたものと思われる。

思春期、そのすべてが、痛みに流した涙と混ざり合っている。はじめて近くに砲弾が落ちたときのことや、はじめてのイカール缶詰も忘れられない……T_T
　　ディヤナ🫥1979

仲良くなって、信頼しあった。今の子が気にするようなささいなことなんてどうでもよかった。
　　ミルザ🫥1985

恐怖とかなしみのなか、
しあわせであるとは意識していなかった。
　　エルマ☺1985

1992年夏、焼け落ちた学校の教室から、自分のクラスの出席簿を見つけた。
　　エディス☺1978

ふだんはお菓子をくれるのに、まったくちがう様子の国連兵たちの青いヘルメットを、手を震わせ、おびえて、飢えたまなざしで見つめる私！
　　エルビラ☺1981

街の上空を鉄の鳥が飛ぶ、父は前線から帰ると約束し、母は手を握ってくれた。
　　サンドラ☺1984

友情をかたく誓って一瞬一瞬をたのしんだ。
次の日にはだれかがいないかもって、みんな思ってた。
　　セルマ☺1983

ゲーム、笑い、みんないっしょ。どんなことがあっても離れない。
みんなはひとりのために、ひとりはみんなのために。
　　アシャ☺1988

通りに砲弾が落ちるのを待ち、爆弾の破片を集めに走り出す。
あとで物々交換するために。
　　イルワナ☺1987

未来へのメッセージ：人類は腐った種族だ！
　　　サビーナ 1987

怒った男たちが窓をたたきまわっているあいだ、体をまるくしておびえてた。こわい……だいじょうぶ、私は生きてる。
　　　エミーナ 1981

おとうさんがぼくを前線に連れていってくれるのを待っていた……
質問：パパ、いつ戦争は終わるの？　答え：すぐだよ、あと少しだ。
　　　ハリス 1990

友だちといっしょにいた……仲良しだった……街灯のかわりの月と星空がすばらしかった ^_^
　　　サネラ 1977

地獄！　今も私を苦しめる。
　　　アダレッタ 1980

玄関ホール、夜、ギター、空に光るロケット弾、「塔の時計が時を打つとき……」＊って歌をうたっていたこと。
　　　ミルナ 1982
　　＊サラエボのバンド「赤いリンゴ」の楽曲「きみの唇」。その歌詞の冒頭。塔とはサラエボ中心部のイスラム寺院のそばの時計塔を指す。

私たちのマンション半分に電気が通った、
半分には通っていないのに。
　　アムラ🙂1979

もう1発の砲弾、ヒューッて音をたてているときはぼくたちには当たらない！！！
　　エルディン🙂1986

子どもでいられる時期に深い傷を残した悪魔。
安らかに眠れ、幼い友人たちよ。
　　ミルサド🙂1983

恐怖、不安、ストレス、悲惨。
　　アルマ🙂1984

紙切れが宙を舞う、白、グレー、黒の紙が、庭じゅうを舞う。
ママが叫んだ、「図書館が燃えてる」って。
　　エメル🙂1979

アクション映画みたいだった。毎日銃撃のなか、生き延びる。
パンひと切れのために戦い、愛する人を失う。
　　アドミール🙂1979

砲撃のなか、急いでおとなになることを強いられた学校、でもそれは、世界でいちばんうつくしい町にある。生き延びる戦いと、ビー玉遊び。
　ゴルダン🙂1988

忘れられない！
　アレクサンダル🙂1984

地下にいくのはサイコーにたのしかった、
アパートの子どもがみんな集まって、自由に遊べたから。
　イリーナ🙂1986

はじめて好きになった子がキスしていいわよって言ってくれたのに、それから2年間会えなかった。
次の朝早く、サラエボを脱出するって両親が決めたから。
　アドミール🙂1978

地下室に隠れて、近所の子どもたちと、遊んだり、話したり。
戦争中、そんなふうに過ごしているのはいいものだった。
　セルマ🙂1980

戦争中、たくさんの友だちを作った。
同じくらいたくさん失くしたけれど。
　ベルマ🙂1981

毎日、給水を待つ列に並んで、私たちは友だちになり、恋に落ちたけれど、ぜんぶ一日で終わった。
　ハナ🙂1978

いまだに醒めない夢。
チェトニク兵がやってきて、私たちは逃げようとする。
考えられるのはひとつのことだけ——
神さま、パパはまだ生きてますか？
　ネグラ🙂1979

スナイパーから見えないようにするため、町のあちこちに張り巡らされたブルーシート。その下を、学校に向かって走る恐怖。
　ディーナ🙂1983

怪我をした。
　アレム🙂1988

一生残る大きなトラウマ。
　ベルマ🙂1985

寒くて暗い地下室を10日ぶりに出て太陽を見上げたときのすがすがしさ。
　ミルザ🙂1986

「タクシー」というシールをつけた手押し車に水タンクを積んで、ビール工場に向けて出発する。
　　アミーナ🙂1985

いかなる瞬間に迫撃弾が落ちてきて、流血の惨事になってもおかしくない。そうすればゲームは終わる、という奇妙な感情……
　　メリハ🙂1080

子どもにとって戦争とは、ディーノ・メルリンがうたう「幸運な兵士」が、MTVのヒット曲みたいに思えること！！！
　　アルミール🙂1987

キャンディは1個で充分。2個目はほかの子たちにあげなくちゃ。
　　イルワナ🙂1984

子どもでいられた時期なんてない。
すぐに「大人」になって、戦争とは何か、砲撃とは、シェルターとは、スナイパーとは、塹壕とは何かを知った。死者と負傷者も……。
　　ミレラ🙂1986

子どもにとって戦争とは、
1本のカーネーションと
2かけのチョコレート＾_＾
　　メリハ🙂1988

戦争を生き延びたひとりの子どもは、戦争が終わってから子ども時代とは何かを知った——ぼくにはなかったもの。
おぼえているのは、地下室の学校。
　　ムアメル🙂1978

おぼえているのは、玄関ホールのプレキシガラス*のにおい。
　　ケナン🙂1979
　　　*樹脂製のガラス。

ドブリニャのアパートの玄関ホールに絵を飾った、勝ったチームはランチパックをもうひと包みよぶんにもらえた。
　　マヤ🙂1981

涙。笑い。恐怖。遊び。無頓着。
　　アムラ🙂1985

今思い出そうとするとすばらしい記憶ばかりよみがえる……悪い思い出は宝箱みたいなものにしまってある。
いつか子どもたちに見せられるように。
　　エディン🙂1983

地下室のろうそくのあかりで本を読んだこと……
　　エミール🙂1986

新年、おとうさんからチョコレートをもらった。
それが食べものだと知らなくて、だいじにとっておいた。
　　ナイダ🙂1990

穴だらけの建物の、暗くて狭い地下室。
　　アドミール🙂1988

あんまりよくおぼえてない……おぼえてるのは、ずっとこわくて緊張してたこと、妹が怪我したときにかなしかったこと……あっ、そうだ、粉末卵もあった！！！
　　ナジャ🙂1978

そのときはじめてレンズマメという食べもののことを聞いた。
　　ベジール🙂1980

水タンクでそり遊び。
　　エミーナ🙂1981

大人たちの浅はかさで、台無しにされた人生の一部。
　　エルビル🙂1987

地下室で過ごした長い日々。胃袋は空っぽ、妹はいたけど両親はいなかった。ぼくは15,000人の怪我をした子どものなかのひとりだ*。
　　アネル🙂1982

*サラエボ包囲1425日で、死亡した子どもは1,601人、負傷者は14,946人に及んだ。

あまりにも速く、しかも無理やり、
ぼくらを取り巻く生活の、
さまざまな問題や危険を教えこまれ、
真剣に考える羽目になった。
　ダニエル🔲1984

風船ガムの「チュンガ・ルンガ」*……もらったときはものすごくうれしかった！　あんな幸福はそのあと感じたことがない。
　アメル🔲1987
＊英語の商品名は「バズーカ」。旧ユーゴスラビア・スロベニア製のガム。

窓の外を眺めてた。砲弾があっちの空からこっちへと飛んでいく……毎日のことで、とくべつなことではなかった。
　エルマ🔲1986

5リットル入りの水タンク3つを持って、ビール工場に水をもらいにいった。ランチパックをもらったときはうれしかった。
　ミルザ🔲1990

たった9歳で重い水タンクを背負い、しかも走る……砲撃があるから。
　エミーナ🔲1982

サラエボで砲撃がはじまると、ぼくはいつも、ほかの子どもとおんなじことを考えた。どんな砲撃も通さない地下室があればいいのにな。
　ケナン 1990

戦争中の子ども時代……ずっと寝てた。
　イスマール 1977

テレビがついたときと、電球がともったときのよろこび。
　オグニェン 1980

はじめてディスコにいったのは戦争中だった。ヒッチハイクして、トラックに乗せてもらって、運転手はディスコ前で下ろしてくれた。
　ダダ 1977

涙、震え、恐怖、その後遺症に今でも悩まされている。心配性で神経質。たくさん時間がたったけど、私はまだ苦しんでいる。
　エスミラ 1986

沈黙。
　サーシャ 1982

マルタ橋*で、スナイパーの撃った弾が
ママの水タンクに穴を開け、
ママはわーっと泣き出したんだ。
　ニハト 1981

*サラエボ新市街フラスノ地区。前線に近いところにあった。

サラエボの冬のあいだ、
水の配給を待ちながーーーい列に並んでいて、
思いついたの。鼻にかぶせるウールの帽子で、
特許が取れないかなって。
　ヤスナ🙂1979

強烈なトラウマ。戦争で双子の兄を亡くし、ぼく自身も重傷を負った。
　エディン🙂1981

自分が子どもだって気づく前に、いい思い出も持たない大人になっていた。子どもでいられる時間はやつらに盗まれた。
　ミーニャ🙂1982

ユーゴスポルト製のスニーカーが忘れられない。
手に入れたときはお祭りがきたみたいにうれしかった。それから今でも無性に的当てをやりたくなるときがある。ゴム跳びに缶けり……
　アミーナ🙂1094

夏休みも冬休みもない学校って、生徒にとっていったい何？
先生や友だちの写真もない、そんな学年って、何？
　マヤ🙂1985

かなしみとしあわせ。
かなしみ―世界でもっとも醜いものを見聞きさせられ、
感じさせられた。
しあわせ―そういうのをぜんぶ、友だちと共有したこと
　　　ダニエラ🙂1983

砲撃と弾丸の飛び交うなか、シェルターの子どもたちと戦争ごっこを
していた。
　　　エルディン🙂1990

「ヌテラ」＊よりもおいしいユーロクリームのチョコレートスプレッド。
　　　ダミール🙂1988
　　　　＊ヌテラはイタリアメーカーのチョコ風味スプレッド。ユーロクリームは旧ユーゴスラビア時代から
　　　　　続く、国民的なスプレッド。

戦争、砲撃、暗闇……そのなかで電気が通るのを待っていた。
94年のW杯の決勝戦を見るためだ。ブラジルvsイタリア戦は、ビルの
前に立つぼくらの、ものすごいよろこびだった。
　　　ミルザ🙂1981

広告を見て、ものすごくチョコレートがほしかった！　恐怖、ママの涙
……それらは今のほうがいっそう私を痛めつける。
　　　セルマ🙂1987

夏の午後、どかんという音、その後は静寂だけ……
もうもうとたちこめる黄色い土煙、
ひとりの子どもの人生が変わった瞬間。
　　　レイラ🙂1978

毎晩念のために服を着て寝ていた。
ぜったいそんなのはいやだけど、
チェトニク兵が突入してきて、
逃げなきゃならないかもしれないから。
　　ユスミール🙂1982

人道支援品で作ったケーキと、ろうそくの明かりの下、兄弟といっしょに絵本をめくったこと。
　　ラティバ🙂1987

向き合うのがつらすぎる、かなしい過去。
　　ミリャナ🙂1981

地下室、猫のツィツカ、埃っぽい玄関ホール、爆弾の破片、8番と15番のランチパック、水タンク、頭にできた潰瘍、15分の授業。
　　ナナ🙂1986

善を信じること。生き抜く意志と火事場の馬鹿力で、どんな困難もかならず切り抜けられる。
　　イワン🙂1984

やつらはぼくのいちばんだいじな時期を奪った。
ぼくの一部でもある——たのしいはずの、いちばんうつくしいとき、
それは永遠に失われてしまった。
　　　ディーノ🙂1976

かなしみとよろこびが混じり合っている。
かなしみはたくさんの喪失。
よろこびはたいせつな友情。
　　　ハナ🙂1984

いのちが軽々しく扱われる場所での、そのいのちを賭けた戦い。
よりよき明日と「軍事介入」への、強い期待を抱いていた。
　　　ジナイダ🙂1982

自分がなんの影響力も持たない人生。恐怖、闇、地下室、親友たち。
　　　ズビェズダナ🙂1977

恐怖とおぞましさに満ちた幼少期……
　　　ミレラ🙂1981

砲弾が落ちるとテーブルの下に隠れたわ……
　　　アリサ🙂1990

トラウマ。
　　　メリサ🙂1983

外では砲撃が降り注ぐなか、
窮屈な食糧貯蔵庫で姉と眠った (^_^)
ミレラ 1983

寒くて、薄暗くて、湿った地下室で、
夢から覚めた夜。
アママ 1979

大人になった今、戦争が終わるまでサラエボにとどまらなかったことに罪悪感をおぼえる。
イワナ 1983

たくさんのゲーム、不安定な日々。
大人はひどい毎日のなか(サイレン、砲撃、食糧不足)、なんとか娯楽を作ろうとしていた。
アリサ 1987

静かにしろ、ニュースが聞こえないだろ (+_+)
サミール 1980

子どもたちの願いと希望は実現できず、公園で遊びたいという気持ちも満たされなかった。それがただしかったなんて、だれにも言えないはず。けっして！
アイラ 1986

1992年……冬。
もう木がない。本
本をおしまいまで
なんてことだろう、
きゃいけなかった

イリス☺1978

を燃やすか……
読んで火にくべた。
でもパンを焼かな
……

子どものときに戦争だったというのは、ぼくたちの知っている唯一の幼少期で、ほかは知らない。ふつうの子どもがどんなふうかなんて。
　ケマル☻1984

恐怖、暗闇、そして一筋の光、闇は淡くなり、希望が残るだろう。
　レイラ☻1987

すべてのホラー映画に、恐怖を和らげるちょっとした気晴らしがあるように、戦争の混乱のなか、ほんものの、忘れられない恋をした。
　イボナ☻1987

準備ができて、建物から出ようとしたのに、家にいなきゃいけなくなった、1分前に近くで砲弾が落ちたから。むかつく！
　レイラ☻1980

ぜんぶうまくいくってママをなぐさめること。
　サビーナ☻1979

私や同世代の人たちは、ものすごく多くを奪われたけど、それでも子どものころは忘れがたい。
　ミネラ☻1983

さいの目に切ってトーストしたパン。玄関前に落ちた砲弾、バルコニーのパプリカの鉢植え、焼け焦げた靴、彼の不在。
　ネイラ☻1984

幸福の、プラタナスの綿毛。
それは希望を託せるふわふわのボールみたいなもの。
戦争が終わってからひとつも見なくなった。
　アニーダ🙂1987

やっぱりイカール缶詰。
　サニン🙂1982

油と、もしあれば塩ちょびっとで食べる自家製パン（´ρ`）
　アイラ🙂1990

かなしみと幸福。
　ミネラ🙂1988

電話が鳴って母が叫ぶ、凍りついた顔から涙があふれる、
「パパが怪我した」、言葉に詰まり、ぼくを抱きしめた！！！
　セメド🙂1986

両親の勇気。できるかぎりふつうの子どもらしく過ごさせてくれようと
した、その願いと努力を忘れない。
　ターニャ🙂1986

もう2度とやだ……
　アミラ🙂1979

血、空腹、死、恐怖、地下室での歌、給水の行列で仲間と過ごす時間、
はじめての煙草……
　マヤ🙂1981

いつまでも捨てさることのできない私の一部。
ものすごくたいへんなときだったけれど、けっして忘れられないこともいくつかあった。それは何より、友だちとのつきあい……
　　　メラ🙂1980

1992年、一晩で、気づかないうちに、望んでもないのに、ぼくは子どもでいることをやめて大人になった。
自分のまわりの死や苦しみを見て、そうなったんだ。
　　　ネルビン🙂1978

水とパンがあれば、大きな口開けて笑ってたな ´∧´
　　　ジェナン🙂1984

かぼちゃの花で作った、見かけだけ似せた卵料理……おいしかった。
　　　アムラ🙂1982

チョコレートとコーラをよく夢に見た！！！
　　　セナド🙂1984

戦争中の子どもっていうのは、リビングの真ん中で、お湯入りのコーヒーポットを使って、母親が体を洗ってくれることだよ。
　　　アニス🙂1983

イカール缶詰、木材、お金がわりの缶詰、戦争ごっこ、戦争ごっこの敵役にはなりたくないと願うこと、兄弟を失うこと、復讐を思い描くこと……
　　　ネディム🙂1988

勇気、力。

アニーダ😐1980

戦争のあいだ、パパがどこかからスイカを持ってきた。夢中で食べて食べて食べて、泣いた。
どうしたのって訊かれて、泣きながら答えた。「もうこれ以上スイカを食べられない！」

ナルディナ😐1987

悪夢……二度とごめん……「もしきみと二人だけなら　すべてを話すだろう。だれにもくりかえしてほしくない……」*

センカ😐1980

*サラエボ出身の歌手ケマル・モンテーノのアルバム「私の歌」に収録された「友への手紙」より。

ハリス・ヤマコビッチ。子どものときの仲間。永遠に子どものまま。
はじめて「殺される」ってことの意味を考えた。

サビーナ😐1985

ちいさな庭に、バスからとってきた座席を置いて、おしゃべりし、冗談を言い合い、音楽を聴く……夜間外出禁止令の時間まで。

ミリャナ😐1979

国際連合からの食糧配給、皮付きのままのキウイの味 (^_^)

エディブ😐1984

近くに砲弾が落ちて、脚を失い、二度と歩けなくなるんじゃないかって本気でこわかった。

レイラ😐1978

戦場からとうさんが帰ってきたとき、さくらんぼの木から落ちたこと。
ランチパックに入ってたプラスチックのスプーンで、完璧な「投石器」
をつくったこと……あれはめずらしいおもちゃだったな……
　　　アメル🙂1987

じごく。
　　　アディス🙂1984

明日はいくつ迫撃弾の破片を集められるかな……
　　　ヤドランコ🙂1979

まるでSF映画。そこでは母親たちが人気者のヒロインになって、
1個のトマトを10日間も食べさせる。
　　　スアルナ🙂1982

ある意味、アドレナリン満タンのすっごい体験！！！
　　　アドナン🙂1983

それは、地下室の暗闇、薄い空気、奇妙な静けさ。
その部屋に充満する他人の恐怖を
感じることができた。たとえ見えなくても。
　　　セミラ🙂1977

日記を書いてた。
ナジャ 1978

サラエボ。
レイラ 1981

砲弾の音を聞いて反射的に床に伏せ、次の瞬間すぐさま膝の埃を払って遊び続けた。信じられない！
エディサ 1984

血を見る、悲鳴や叫び声を聞く、こわくてつらくて、おなかがすいてた……たいせつな人たちを失い、それでも子どもでい続けた。
アミーナ 1986

深緑の包み紙にくるまれたかたちの悪いクッキー、それが神聖なものに思えた！
アシヤ 1987

お米のパイ。
ゴラン 1982

同じ建物に住む友だちと、夜遅くまで地下室で遊んだこと。
アシヤ 1987

あーーーっ、いったいどのくらいの水と木を運んだか、今思い出した！登校途中、サイレンが鳴ると、おおよろこびで家に帰ったな……
エスマ 1979

イカール缶詰、砲弾の雨、誘導弾からのアンテナ集め、たったひとつの私のチョコレート、凍って冷たくなった7日前のパン……
　　サネラ🙂1983

14歳の私は消防団の衛生係だった。負傷者に包帯を巻き、消防士を手伝った。包帯はいつも足りなくて、洗って何度も使ってた……
　　メルシハ🙂1980

明日は今日よりましなはずっていう希望。
　　カビール🙂1981

終わりのないような冬。1994年の春はもっともうつくしかった。弟が生まれ──2年ぶりに太陽を見た。
　　アスミラ🙂1984

そのアパートでただひとりの子どもになった。
地下で近所の人たちに童謡をうたった。
みんな耳を傾けてくれた ^_^
　　アズラ🙂1990

夜、横になると、ママが「おやすみ」って言う。
でも休めるかどうか、
無事に朝を迎えられるかどうか、
だれにもわからない……
　　ウナ🔲1986

人生のいちばんいい時期！(;_;)
あの時期があったから、私と友だちはずっと子どもでいるだろう……
　　インディラ🔲1981

バスで町から避難しているときに漂っていた、菩提樹の香りをおぼえてる。運転手は言った、「もしやつらが撃ってきたら、すぐさま外に出るんだ」
　　エルディーナ🔲1982

グルバビッツァ方面からの、政府庁舎への戦車の砲撃があまりにもショックだったから、ぼくは半年間しゃべれなくなったんだ。
　　トミスラフ🔲1983

タバスコソース。子どものころ、年上の子たちと、レンズマメやインゲンにかけてよく食べていたのをおぼえてる。
　　ネナード🔲1987

寒くて暗くてじめついたシェルターと、足元でバリバリ鳴るガラス。司令部から盗んだリンゴ。
　　　イレーナ🙂1980

米、豆、レンズマメ、……ろうそく、車のバッテリー、水タンク……
　　　エミール🙂1979

サラエボの郵便番号と同じ、この町を愛する71,000個の理由がある！
　　　アニス🙂1990

おそろしいことがわが身に起きた……
血が流れていて、思わず私は「ママ、なんで私？」と訊き、考えた。
神さま、私何か悪いことした？
　　　イワナ🙂1983

水とパンの列、部屋を照らすろうそく、暗い地下室、
ランチパックとM&M'sの興奮……
　　　エミーナ🙂1982

ママはいつも私たちに、リンゴを半分にしてくれたんだけど、4歳の弟が言ったの。
「開いた」リンゴじゃなくて「くっついた」やつが食べたいって。
　　　イルマ🙂1984

殺伐とした場所に閉じ込められた子どもたちの笑顔……
　　　ナイダ🙂1988

かけがえのない時間、
みんないっしょだった……
みんなおんなじだった。
　　アミール🙂1987

ママ、おねがい、コーンパンふた切れ、今すぐ食べさせて。
そうすれば残りの一切れのこと、1日じゅう考えずにすむだろ。
おなかペコペコなんだ。
　　アディス🙂1980

大惨事……死……思い出……ちぇっ、やんなっちゃうよ。
　　エミール🙂1982

アパートの庭、赤いビニールシート、湿気、大きなコンテナ、水タンク、パンの列、児童図書館*、苦しみ、砲弾……
　　セニーダ🙂1983
　　*「私たちの子どもたち」という名の図書館が戦争中も開館していた。

あんな環境だったけど、子どもは子どもだった。
思い出せばいつだって顔がほころぶ。
　　エンサール🙂1981

戦争中に子どもだったと聞いて思い出すのは、パパが家に帰ってきたとき、パパだとわからず弟が逃げ出したこと。
　　アズラ🙂1990

かなしみと恐怖、それから幸福、だって、子どもにとってもっといい日々があるなんて知らなかったから (-_-)
　　ハリス🙂1987

ここでは戦争なんて起きていなくて、私たちは安全なんだっていう、私と弟の話にママが賛成してくれたことに感謝してる。
　　ビルダナ🙂1988

地下室で歌をおぼえ、壁にはじめての文字を書いた。ストーブにくべてしまって、紙なんてなかったから。
　　ベリーナ🙂1989

かなしい、「真っ黒な」時代だけど、うれしい瞬間はたくさんあったの。
　　レイラ🙂1980

イカール缶詰とピーナツバターのこと、ぜったいに忘れない ^_^
　　ネルマ🙂1984

6歳の子どもが、包帯でぐるぐる巻きの負傷者を見るなんてありえない。一生のトラウマ。
　　アドミラ🙂1986

笑い、かなしみ、恐怖……ぜんぶ分かち合った。
たくさんの記憶、思い出！

メリマ 1989

姉のアネサは生理用品、私は粉ミルクの配給を受けていた。
姉は大きくて私はチビだったから。
バカみたいだけど、私も早く大きくなりたかったな ^_^

ネイラ 1982

包囲されたサラエボの4年間。戦争はおそろしい！！！

サネラ 1975

私にとっての戦争とは、水を求めて並ぶ長い列、たくさんのポリタンク、地下の学校、終わらない恐怖……

アイダ 1980

砲撃がやむやいなや、爆弾の破片や砲弾をさがしに外に出た。
かなりのコレクションを持っていたけど、ママはぜんぶ外に捨ててゴキゲンだったわ (T_T)

セルマ 1987

一体感、信頼。

レイラ 1981

あるときパパがバナナを持って帰ってきたんだけど、弟はそれをジャガイモだと思った。ママが泣いてた。

ディヤナ 1988

うちの犬は、人道支援の食糧をよく犬小屋に隠してた！
　　ナジャ🙂1979

食事は塩なし、紅茶は砂糖なし、
リビングに、玄関に、キッチンにスナイパーの銃弾、
バルコニーに投げ込まれる手榴弾、
体を洗うのにたった3リットルの水……
　　ネジャド🙂1976

早く大人にさせられた子どもではあったけれど、ランチパックのバターとココアとパン粉、ドライフルーツでバースデーケーキを作ってもらったときは、うれしくて泣いた。
　　アルマ🙂1978

11歳の誕生日、人生最高のプレゼントをもらった。カツレツだ！
うれしくて飛び上がった！
　　ファリス🙂1981

あなたは7歳。
1か月後にはじめて電気がついて、
はじめて手にするのは掃除機。
　　ミレラ🙂1986

4年間、毎日、
16階まで水を引きずりあげた。
たった8歳で。
　サドミン　1986

タコボスカ通りの建築中のビルで、友だちとギターを弾いていっしょにうたった。
　メリサ　1979

子どもでいられるすばらしい時間は断ち切られた……
　ハイルディン　1982

戦争による種々スポーツ競技。スナイパーをよけてランニング、シェルターへの徒競走、水運び、自転車漕ぎ*……
　ミルハ　1978

*地下室では自転車のダイナモ(発電機)を使って電気を作っていた。

あまりにも早く大人にさせられ、周囲で何が起きているのか理解しようとしながらも、生きようという意志を失わなかった。
　セルマ　1985

「闇のなかの幼少期」。あちこちの地下やシェルターに隠れ、日の光も空もめったに見られない。
　ネスコ　1990

警戒警報は、酸っぱいプラムを盗んだり、要塞と呼んでいた地下室で目隠し鬼をはじめる合図だった。
　アズラ　1983

子どものころの思い出は、はじめてのローラースケート、世界でもっともすばらしい時期。玄関ホールでのローラースケートだけど ^_^
　　　アズラ🏠1990

ハッサン・キキッチ通りで、ミレラ・プロチッチを失った日*。
　　　マナ🏠1983
　　　*第1部33ページ、45ページ参照。

砲撃のせいで外に出られず、兄弟といとこ地下室に閉じこもっている。真っ暗。こわい！　おなかすいた！
2度とだれにも起こりませんように！
　　　アミーナ🏠1987

14歳の女の子が、誕生日に、パーティではなく、
マルカレ市場の大虐殺*の知らせを受ける。
　　　アルミラ🏠1981
　　　*マルカレ市場はサラエボ中心部にある。ここで記されている大虐殺は1995年8月に43人が砲撃で死亡した事件（第2次マルカレ虐殺）を指すものと思われる。

シェルター、ビー玉、給水の列、
ランチパックの列、友だちと時間をつぶす、
ちょっとしたことが
ぼくたちにはすべてだった！
　　　ファリス🏠1988

スナイパーは兄を殺した。
ぼくが子どもでいられる時間も。
 ジェミル🙂1983

傷あと。
 タリク🙂1981

「人は死ぬために生きる」——私が小学校4年生のとき書きはじめた
小説のタイトル。
 スラジャナ🙂1983

1992年のよく晴れた4月。子どもたちを乗せたユニセフの車列が、
セルビア人に捕えられるのを、駅につっ立って見ていた。
救いなんてあるのかと思った。
 アフメド🙂1977

忘れることはないだろう。目覚めることのできないおぞましい悪夢。
 エイラ🙂1979

ゲーム、砲弾の音を聞いて隠れたこと、砲弾の破片集め、自家製チョコ
レートスプレッド……
 エミーナ🙂1979

1993年の秋、隣のザヒダおばさんがオレンジをくれて、
ぼくは世界一しあわせな子どもだと思った。
　　　ダミール🙂1978

朝早く、おもてどおりで「解放！」と叫ぶ声が響いた。
「ママ、戦争が終わった！」と私は言ったんだけれど、
それは新聞売りの声だった*。
　　　センカ🙂1983

　*「オスロボジェーニェ（解放という意味）」は戦争中も発行され続けた日刊紙。1992年度、英BBC
　　放送などが選定する世界最優秀新聞賞を受賞。

無……本当の無。
幼少期なんてとてもいえない、
あれは拷問だ……
だれの身にも2度と起きてほしくないこと！
　　　セミール🙂1988

戦争……毎朝起きるたび考える：
いつか終わるさ！
　　　ベンヤミン🙂1977

警報が鳴ったときのため、ぜったい安全な
とっておきの隠れ場所があった。
煙突のうしろのちいさな穴。
ママはいつも励ましてくれた。
　　　スラジャナ🙂1986

208

外で遊べるように停戦を待っていた。
前線から父が戻るのを願っていた。
電気が通ったときはうれしかった。
　アナイド🙂1984

1993年、学校の教室で負傷した9歳児は、今も消えない恐怖を言いあらわす言葉がない。
　ダミール🙂1984

ああ、かなしい、かなしい、すごくかなしい……もういや！
　チャミラ🙂1976

私は12歳で、自転車に7つの水タンクをくくりつけて、水をもらいにビール工場まで毎日往復した。
　アイダ🙂1980

地下室で、イカール缶詰と、ごくたまにフェタチーズ*をぬった一切れのパンで昼も夜も過ごした……
　ネディム🙂1987

*山羊の乳や牛乳で作られるフレッシュチーズのこと。

コンクリートブロックの隙間からさしこむ日差しを、てのひらに映して遊んだ。その幻想をずたずたに引き裂く物音。
　エミーナ🙂1981

その日はじめて、中心街の店に押し入り、薪にするために木製の棚板を持ち帰った。家に帰って驚いたのは、銃やそのほかの装備をした50人もの大人がいたこと。
　　タリク☺1982

ブッコ、マーテ、ケケ、ネイラ、ズデナ……
友だち……
　　ジェリコ☺1978

子どもでいることはできなかった。
迫撃弾やその破片がなんなのかわかるためには、早く大人にならなきゃいけなかった。
　　サファ☺1983

夜、図書館が焼け落ちて、
朝、目覚めると町じゅうが
焼けた紙だらけだった……
黒い雪が降り積もったようだった……
　　タリク☺1981

散歩をしていて、流れ弾に当たった人を見た。
子どもはおびえて、
血だらけのその人は叫んだ。
「息子よ、逃げろ！」
　　ズラタン☺1979

自家製のチョコレートスプレッド。一度、砂糖と間違えて、塩を小麦粉と
ココアに混ぜてしまい、私と友だちは泣くことになった。
　レイラ🙂1977

叫び声がしたほうを見ると、パニックに陥った女の子が私に気づき、
その目からゆっくりと恐怖が消えていった。
　アイダ🙂1988

9歳の誕生日プレゼントは、戦争開始、そして子どもでいられる時間の
終わり。戦争中の子どもは、恐怖のなかで成長する。
　マイダ🙂1983

地下室で遊んだ永遠のような時間、成長を止められた子ども、
警報解除のサイレンを待っていたこと……
　ネディム🙂1982

子ども時代の終止符は、92年の春に打たれるように計画されていた。
高校の卒業パーティ用のドレスは、袖も通されないままクロゼットに吊
るされている。
　マヤ🙂1974

急いで大人になることを強いられたかなしみと、生きて、そこにいるこ
とのよろこび……おたがいがいる、という愛。
　ヤスミナ🙂1979

起きて恐怖、寝ても恐怖。4年間もだよ。(-_-)
　　ボリス🙂1983

暗い地下室のビー玉遊び。
　　エルビル🙂1990

ちいさいながらも私たちは「大人」だった。
私たちはみんないっしょに、笑ったり遊んだりすることで、忌々しい迫撃砲の土煙や、涙やみじめさと闘った。
　　ベルマ🙂1987

とうさんが死んだとき、ぼくは4歳だった。
子どもにとって戦争とは……うーん……
戦争についてひとつおぼえてるのは、とうさんの死だな。
　　エディス🙂1991

こわい思い出とすばらしい思い出が、へんなふうに混じり合った時期！

　　アルマ🙂1978

じめじめした暗い地下室で、砲弾の音を聞きながら、誕生日を祝って誕生日の歌をうたった。「今日はすてきな日……」*
　レイラ😀1983

*誕生日の歌の一節。

地下室の暗闇に目が慣れて、たまに日差しの下に出ると、まぶしくて目を閉じた。
　アニーダ😀1981

失われた夢。
　ネルマ😀1986

人生を知る前に死を知る……
無力感、そしてよりよきものを願う希望……
　ナルツィス😀1983

7歳の少女の夢は、ぜんぶ地下室の暗闇のなか。
　アイダ😀1985

だれかを愛そうと思わなくなった。
キスもハグもしないうちに、失ってしまうかもしれないという恐怖から。
　マルタ😀1981

道路でのそり遊び、爆弾の破片集め、ランチパック、夏のさくらんぼ、地下壕。
　エミール😀1987

あまりにも早く大人になって、自分のまわりにはどんな悪があり、
人生がいかに残酷で予想外のものであるか知った。
　　アルミール🙂1978

父の不在。
　　サミラ🙂1984

毎朝神さまに祈った、今日も生き延びさせて！
　　ファルク🙂1977

ちいさなことに見出したよろこび、
あたらしい1日を迎えられるうれしさ……
　　エディーナ🙂1979

誕生日におとうさんからキャベツをもらったの。
今までで最高のプレゼント！
だっていちばんほしかったものだもの。
　　セルマ🙂1983

だれの身にも起きてほしくない、
つらくてきびしい時期。
要するに、
子どもでいられるときなんてなかった。
　レイラ🙂1980

地下室の学校。砲弾を数えたこと。給水の列。すばらしいアマチュア無線家たち*。イカール缶詰。日常の恐怖。少しでいい、陽の光を浴びたい。
　エルナ🙂1984

* 包囲戦のなか、サラエボの電話はすべて不通になった。外界との連絡手段が断たれた中で、活躍したのはアマチュア無線家であった。

戦争中の子ども……アニメのかわりにニュースを見て、地下室の暗闇でなんとか生き、明日のことはわからないという恐怖のなかで暮らすこと……空腹も。
　ファド🙂1982

あの4年間、子どもであることは許されなかった。
だからいまだに、あの時期を取り戻して人形と遊んで過ごしたいと思うちいさな子が、私のなかにいるの。
　ディーナ🙂1982

…（まさにこの文字通り、点3つでしかない）。ノーコメント！
　　シェイラ🙂1988

不思議な感覚。
怪我した友だちに会いにいくと、その子たちは「だいじょうぶ」って言う。その子たちが嘘をついているのがわかる。それから、もう2度と会えないってことも。
　　アルミナ🙂1985

地下室、500ミリリットルの水、バケツの海、お米のパイ……
　　エルマ🙂1980

6歳でチェスをおぼえた。ほかに遊び道具はなかった。
8歳のとき、隣人からこっそり電気を盗む方法をおぼえた。
　　ウナ🙂1986

給水の列に並び、水タンクを運び、爆弾の破片や弾丸、雨水を集め、人道支援を待ち、地下に隠れる……
　　ネルミナ🙂1983

とてもたいせつな、愛する人が去っていき、
2度と帰らないと理解すること。
　　ミネラ🙂1991

記憶から消し去ることのできない残酷な過去。
　アドミール🙂1984

世話をしていた動物たちを、地下室に連れていったのをおぼえてる。
動物は、いつ砲撃があるってわからないし、逃げられないから。
　アミーナ🙂1979

子どもの身に起こることで、戦争よりひどいことがあるとするなら、
病気だけだと思う。
　アルマ🙂1981

親友が殺された場所に、小石を積み上げて記念碑を作り、番をした。
　レイラ🙂1990

外出禁止令、水、薪、入浴……スナイパー。
　ナディル🙂1977

「子どもだったころ……またたく星のように、はるか、はるか遠く。──今ではもう、夢だったのか、本当に子どもだったのかもわからない。」
　　サムラ🙂1985

夜眠りにつく前、ろうそくのまわりに集まって、あたらしいゲームを編みだそうとしたのをとてもよくおぼえてる。
　　インディラ🙂1987

人生最悪の時期……
　　アミラ🙂1983

聖ヨシプ墓地*の、亡き人たちの名前と写真。
ぼくと父はよくそこにいって、燃料にするための枝を切っていた。
　　エンサール🙂1980

　*聖ヨシプ墓地はカトリック教徒のための墓地であったが、戦争中はたくさんの死者を葬るために、すぐそばにあったサラエボ五輪施設の陸上サブトラック（冬期はスピードスケートリンク）をも侵食する形で墓地が拡大した。

出かけるといっても、地下室、玄関ホール、エントランスまでしかいけなかった。
　　サディーナ🙂1974

スナイパーに撃たれた友だちの姿が、
記憶に刻みこまれてる……
　　ネルミン🙂1990

どんな砲弾も、子どもだった私の思い出を塗り替えることはできない。
あんな地獄のなかでも、しあわせはあった。
　　ネイラ🙂1986

玄関ホールでローラースケート。
　　ボヤナ🙂1979

私たちの部屋やうちの庭に、近所の子どもたちが集まった。
そこは私たちの劇場であり、遊び場であり、学校だった……
　　アドラナ🙂1983

恐怖、痛み、苦しみ……そして人間への失望。
　　アルミール🙂1984

初恋。はじめて日記を書きはじめた。戦争はじきに終わるだろうって
思ってたけど……間違ってたって気づいた。
　　ビルダナ🙂1978

昼も夜もおなかをすかせて、泣く母を見ていた。
私に食べさせるものがないから泣く母を。
　　アイダ🙂1981

トラウマによる夢遊病。空腹、苦痛、病気。子どものころのことは思い出
したくないけれど、どうしようもなく記憶に刻みこまれている。
　　アメラ🙂1986

戦争中、親である、ということがどういうことか、自分が親になってはじめてわかった。あの戦争中、料理のレシピを考え出した母親たちには本当に頭が下がる。
　　ダヤナ🙂1982

キーノくん、サーレくん、砲弾、銃弾、ときどきチョコレート。
　　ネジャド🙂1979

人生の一時期、あるいは奴隷の経験。いつもいつも、恐怖とかなしみと、よろこび、退屈、願望が混じり合っていた……
　　エルミン🙂1984

父親なしで成長すること！
　　アルミン🙂1977

給水の列での初恋。
　　アミラ🙂1980

兄と私は庭で煉瓦の壁を見つけて、
そこから煉瓦を取り出して、
自分たちの隠れ家を作った。
　　サビーナ🙂1983

サラエボの春のにおいは、埃と硝煙、
人間の体のにおいが混じっている。
記憶は淡くなっても、
においはずっと私を追いかけてくる。
　　イワナ🙂1980

スナイパーの攻撃であるかのように、
陸軍病院の裏の塀に石を投げた。
そうやって水タンクを運ぶ大人たちを
からかったんだ。
大人たちは走ったり緊張したり、
転んだ人もいて、それを見て笑ったんだ。^_^
　　サネル☺1981

ねえ、ずっと遠くの、空のかなたにいるあなた、今、私たちはどんなふう？　見てるよね、忘れたことないよ、大好きなジシャ！
　　ビルダナ☺1984

果物屋さんでおいしい梨やリンゴを選ぶように、ランチパックを見ただけで、おいしそうなものを選べるようになった……
　　マヤ☺1990

あまりにも多岐に、あまりにも千々に乱れる感情。
愛する人を失い、一足とびに大人になった。
　　タリク☺1985

給水車を追って走った。雨水を集め、水タンクを運び、たいせつな人たちを失う苦しみを味わった。たった10歳で！
　　マイダ☺1983

ガラス代わりに窓にはられたUNHCRのブルーシートの音。
断水だけど、雨水はある。忘れられない！
　　　ヤスナ🙂1988

おもちゃなしで遊ぶこと。
　　　エナ🙂1989

ろうそくのオイルランプの上で、母が「コーヒー」*を作っているとき、私たちはコーヒーポットに手をかざしてあたためた……
　　　アミーナ🙂1985

　　　*括弧付きで「コーヒー」とあるのは、大麦こがしで作った代用コーヒーのことを指すと思われる。

あの戦争を生き延びた——それは、平和を夢見るあらたな理由になった。
　　　ボジャナ🙂1978

前線から戻ってくるとき、おじさんは何かしら貴重なお土産を持ってきてくれた。私は飛び上がって抱きつき、溜息をついたものだ。
私の大好きなココア！
　　　アミーナ🙂1991

子どもでなんかいられなかった。
地獄だった……ぼくは子どもたちが
どんなふうに死んでいったかを見たんだ。
　　　ハリス🙂1985

恐怖、かなしみ、苦しみ、そして痛み！
　　ジェナン🙂1984

早く大人にさせられた。友人たちとすばらしい時間を過ごした
──今の時代にはないものだ。
　　オリベル🙂1982

泣きながら、すべて失いながら、私たちは地獄を通り抜けてきた。
でも同時に、地下室で遊んでたのしい思いもしたのだ。
　　タマラ🙂1979

自分の部屋で授業を受けたことが忘れられない。
砲弾が学校を直撃し、べつの場所に移らなくてはならなかったから。
　　イルファン🙂1987

人生の非現実的な一角
──そこは、いつも敗北と、ごくまれに勝利、怒りの感情で満ちている。
　　ベドラナ🙂1986

「ニンジャ・タートルミケランジェロ*がピザって何！？ってしょっちゅう見ながらピザって何！？って

アミラ🐢1989

＊ミケランジェロはアニメの登場人物。ピザが大好物という設定になっている。

ズ」の大ファンで、
ザを食べているのを
ら、
思ってた。

迫撃弾が頭上を飛んできやしないかと耳を澄ませていたこと、
自分の番がくるまえになくなってしまうんじゃないかと思いながら、パンの配給の列に並んでいたこと。
　　ナターシャ🙂1984

人生とは何かを理解しはじめた。
へんに思う人もいるかもしれないけれど、すばらしい友情にめぐまれ、たくさんの奇妙な遊びを考え出した時期でもある。
　　アルミン🙂1986

前線から帰ってきたパパが、バービーのカードとマヨネーズをくれて、私はパパを力いっぱい抱きしめた。
　　アレクサンドラ🙂1990

空港の滑走路上空で光っていたロケット弾。
その邪悪な笑い声は、私たちの無邪気な、子どもらしい笑い声を掻き消そうとするかのようだった。
　　ジェニータ🙂1976

おなかぺこぺこで出かけて、野生の果物や、よその庭でリンゴを見つけて、おなかいっぱいで帰る。^_^
　　マヤ🙂1988

3つの言葉。空腹、痛み、寒さ。
　　サーシャ🙂1978

お店のショーウィンドウで見た、
1個のチョコレートと1キロのコーヒー。
すさまじい値段だった。チョコレートを見て
あんなに泣いたのは、後にも先にもない。
　　エミーナ🙂1984

静けさを破る砲弾の音、父の帰りを待つあいだの母の不安。
おたがいに向けた飛び切りの笑顔。
　　アネサ🙂1987

ベランダに作った弾除けに隠れて、光る弾丸を数えたこと。給水の列。
ランチパックの交換。ろうそくの明かりで読書。
　　アイラ🙂1983

子どもたちで満員の地下室でやった、おたのしみ会。
油の缶、ろうそく、戦争のあいだに私たちが大きくなりすぎて、使えなく
なった古いスキー板。
　　サビーナ🙂1982

割れた鏡とそのへんのボールでミラーボールを作った。
それをみんなで順番にまわした。
　　ニーナ🙂1981

地下室は私のちいさな世界だった。
手も脚もないバービー人形を持っていた……まるで人々と同じ境遇を
分かち合っているかのような。
　　ネイラ🙂1985

迫撃弾から逃れて、地下室でカードゲームをして遊んだ。恋をした。水や電気が通ったときはうれしかった。
　　アムラ🙂1979

よくおぼえてないけど、1日のはじまりによく言ってた言葉はおぼえてる。あーよく寝た、何か食べよう……
　　アリサ🙂1990

忘れることのない痛み、永久に埋まらない空白。
　　アマル🙂1991

ほんの少しの小麦も入っていないふすまのように苦い……
　　レシャド🙂1983

粉末ジュースの素で作ったレモネード＾_＾
　　セルマ🙂1982

苦しみ……亡き人たちへのかなしみ……
子どもでいることを奪われた時間……
　　ヤスミン🙂1978

パパが前線から、
ママが給水の列から帰ってくるか、
5歳の私は待ちわびて、暗闇のなか、
ほとんどの夜をひとりで過ごした。
　アナ🙂1987

ずーっと続く不安。
　フェジャ🙂1987

爆弾の破片を見つけて、よく見ようとしてやけどした。子どもの好奇心。2度とやらない。
　アデラ🙂1980

人生の恐怖、絶望。
　アイダ🙂1982

オウムにあげる草を採りに出た弟の心臓を、スナイパーが撃ち抜いた。彼はたった10歳だった！
　サーニャ🙂1979

子どもにとっての戦争とは、待つこと——父の帰りを、母の頬の涙が乾くのを、ふたたび夢を見られるのを、すべて好転するのを……
　イェレナ🙂1988

「監獄」のなかという同じ境遇と一体感、
それをともにした人は生涯の親友だ。
　　ベキル🙂1979

子どもが知るべきじゃないことばかり、
恐怖だったり、空腹だったり、激怒だったり……
　　テア🙂1984

1992年の誕生日のお願い。
せめてあと1日でいい、パジャマを着てぐっすり寝たい……
　　アムラ🙂1978

私はすごく幼かったけど、どうしても忘れられないものがある。
迫撃弾、爆弾の破片、割れたガラス、恐怖……
　　アミラ🙂1988

そのとき、もう子どもではいられないんだってわかった。
とうさんが去ってしまい、2度と帰ってこないとわかったとき……
　　ラナ🙂1989

ねえさんと、
「ヒューッ」って砲弾の音のまねをして、
よくかあさんをからかった。
　　アガン🙂1990

こわい、こわい、こわい、こわい、こわい、こわい、
こわい、こわい、こわい、こわい……
　　ディヤナ🙂1983

新聞紙の筒に入れたお米のポップコーン。
電気が通るとお風呂場へ走ったこと。
　　マヤ🙂1986

明日を待つこと。
　　アメル🙂1982

もしできたら、私の欠席を公欠扱いにしてください。
けれど私は、学校にいっていると母に言えなかった。
(母は、私が通っているのが戦争という名の学校だとは知らなかったから)
　　ナシハ🙂1977

スナイパーをかいくぐって、スポーツセンターまでトレーニングに通った。そこは、バスケットボール、魔法のような世界！
　　アルミン🙂1981

恐怖と無知のなかで遊ぶこと。
　　ムハメド🙂1985

キーロや、キーロ*。つかまえて、おかずにしちゃうぞ！
　　ディヤナ🙂1988
　　　＊男子の名前だが、この場合はペットの名前か？

戦争中の幼少期なんて甘い夢だわ。戦争は現実……。その現実の思い
出のために私は早く大人になって、ボスニアの女になったんだもの！
　　エルマ🙂1987

空腹とおそろしさ……
　　エレナ🙂1984

化粧もしない、音楽も電話もない16歳。
どういうわけか男の子は、一夜にして男になった。肌の下で脈打つ恐怖。
　　エルマ🙂1975

2年生だった。アパートごとに集団登校していて、爆発音が聞こえると、
先生がよく言っていた、「荷物をまとめてください、家に帰りましょう！」。
　　アディン🙂1986

その時期、私が体験した、すべてのすさまじいあれこれを語る言葉を
持っていない。
　　ゴルダナ🙂1981

ママ、スナイパーはただの悪人で、遠くにいるの。外で遊びたいよ！

　　セルマ🙂1990

終わりのないゲーム……
想定外に予想していた
あれこれを待ち望みながら、大人になること……
　　ヘレナ🙂1979

私は13歳で両足が麻痺した。
　　メリハ🙂1979

苦痛──。
砲撃の音が響くなか、薪をさがして5、6キロ歩いた。スナイパーが狙撃しているなか、給水の列に並んだ。虐殺を見た……ちぎれた腕、脚。
　　アレン🙂1982

貧しさ、痛み、空腹、苦しみ……
　　エディーナ🙂1988

どれほどおそろしかったか。だれかが死んだという知らせを毎日のように受け取る、という事実からも明白だろう。ひどすぎる。
　　ジェシーナ🙂1977

夕暮れどきに、芝生に座って幽霊の話をした友だちグループ。
戦争であろうとなかろうと、世界じゅうの子どもたちがするように。
　　　メリマ🙂1988

2度としたくない体験！　でもぼくはなんとかその日々をたのしく過ごそうとした、シェルターや、その近所で……
　　　アルミン🙂1983

姉が献血のかわりにもらってきたランチパックには、50年前のものが入っていたりした。あまりにもしょっちゅう献血しすぎて、姉は体調を崩してたけど……
　　　レイラ🙂1977

オレンジ一切れ……3人の仲間で分けた。
あの味とにおいは、私たちの心にずっと残ってる。
　　　デニザ🙂1982

20歳になった今、ようやくわかったわ。
「最初に撃たれた者は幸運だ」
って言葉の意味が。
　　　アンジェラ🙂1979

ポップコーンならぬ
ポップライスを作ろうとした。
今も作ろうかなと思うことがあるけれど、
作ったことはない。
たぶん、いやな記憶がよみがえるからね。
　エミーナ🙂1987

なくしたとき、はじめてそのたいせつさがわかる……
　ダリオ🙂1979

砲弾の音がすると、いちばん近くの建物にダッシュした……大きな爆発があると、そのあとすぐに破片を拾いにいった！
　ミルザ🙂1986

14……15……16……17……18歳。
　ベルナ🙂1978

今でも、玄関前で遊んでいた友だちと、ベランダから私を呼ぶ両親を懐かしく思う。まるでサラエボにはその光景しかなかったみたいに。
　イェレナ🙂1983

地下室の学校、玄関ホールの遊び場、手作りおもちゃ。
　エルマ🙂1982

砲弾の音が聞こえないよう大声でうたって地下室で過ごしたって、なんてかなしい思い出かと思う……
　　　エミーナ🙂1983

苦しみ！
　　　ジャナ🙂1982

戦争がはじまって最初のうちは最悪だ、何が起きているかもわからないし。あとになってわかる、「そんなに悪くもないさ」って！
　　　サニン🙂1980

ユニセフのノートにはじめて文字を書き、木と家の絵を描いた。そのノートを今も持ってる。
　　　エルザナ🙂1990

トラウマ。
　　　オスマン🙂1981

つらい絶望の日々。チョコレートバーをまるごと1本食べることと、アニメ映画1本最初から最後まで見ることをずっと夢見る日々……
　　　ニーナ🙂1988

大きな爆発音が笑い声を掻き消し、大人たちはパニック状態……
　　　エミーナ🙂1985

つらい生活、一瞬たりとも楽なときはなかった。
息の詰まる地下室の空気、
それでもぼくは生き抜いたんだ……＾_＾
　　アミール🙂1980

玄関ホールでショーをやったんだ。戦争中のヒットソングをうたい、
親たちは拍手喝采。おれたちって、なんて強かったんだろう！
　　アディス🙂1983

寒い地下室、サイレンの音、砲弾の音、火薬のにおい、不潔な通り、
耳をふさぐ両手、ラジオのニュース……
　　エルビン🙂1986

包囲下のサラエボで、何か月ぶりかで電気と水が復旧したとき、無邪気
によろこんだことを思い出す。
　　アドミール🙂1982

ある面、砲撃、死、恐怖、古くなった食料。
でもほかの面では、仲間意識、第2次大戦時のビスケット、仲のよさ。
二度とごめん。
　　エイラ🙂1987

伸縮包帯でゴム跳びをして遊び、自転車のペダルを漕いで発電した。
　　アドナナ🙁1985

子どものころ、「吹き矢」で遊んだ。
「改良した」パイプを吹いて、紙の弾を撃ち合うんだ。
　　ダニエル🙁1988

キウイの思い出。
ママと私は切り株の上で、ふた切れのキウイを見つけて4個に切った。
　　マーシャ🙁1981

ドラム缶のストーブ、ユーゴスポルトのスニーカー、
荷車を引いた自転車。
　　ディーノ🙁1980

戦争中だって子どもは子ども……ナプキンやチョコレートの包み紙の
かわりに、爆弾の破片を集めたってだけ。
　　サーニャ🙁1986

ひどいものだった。
戦争中は毎日毎日、父を亡くしたことばかり考えていた……
　　ビルダナ🙁1987

「ちゃんとした」朝ごはんを夢見てた数年間。
焼きたてパン、マヨネーズ、
　それからコップ1杯のミルク。
　　サビーナ🙁1982

子どもじみた戦争……
ケナン🙂1985

コソボスタジアムで行われた体育の授業のとき、スナイパーが狙撃してくるなか、ハードルを跳んだの！
ディーナ🙂1983

お米で作ったポップコーンもどきはおいしかった！
戦争が終わってからさがしてみたんだけど、どこにもなかった……
サビハ🙂1987

1枚のお皿に缶詰の魚、フォークは6本――それが私たちの大みそかのディナー。6本のうち、1本を使う人はもうこの世にはいない。
ダニエラ🙂1978

老人のような鋭い目をした子ども。ろうそくの下、チェス盤の、64の白黒のマス目の上では、自由にもなれたし、大人にもなれた。
ベドラン🙂1979

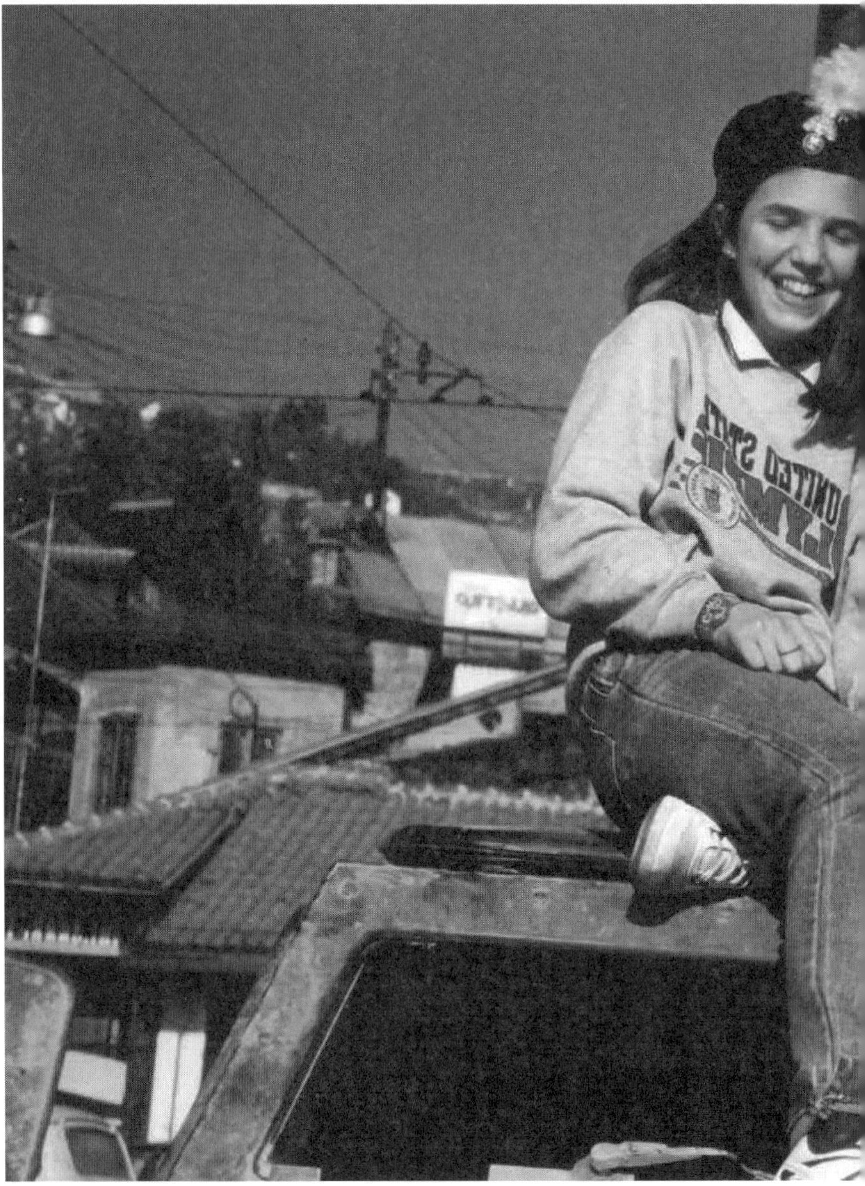

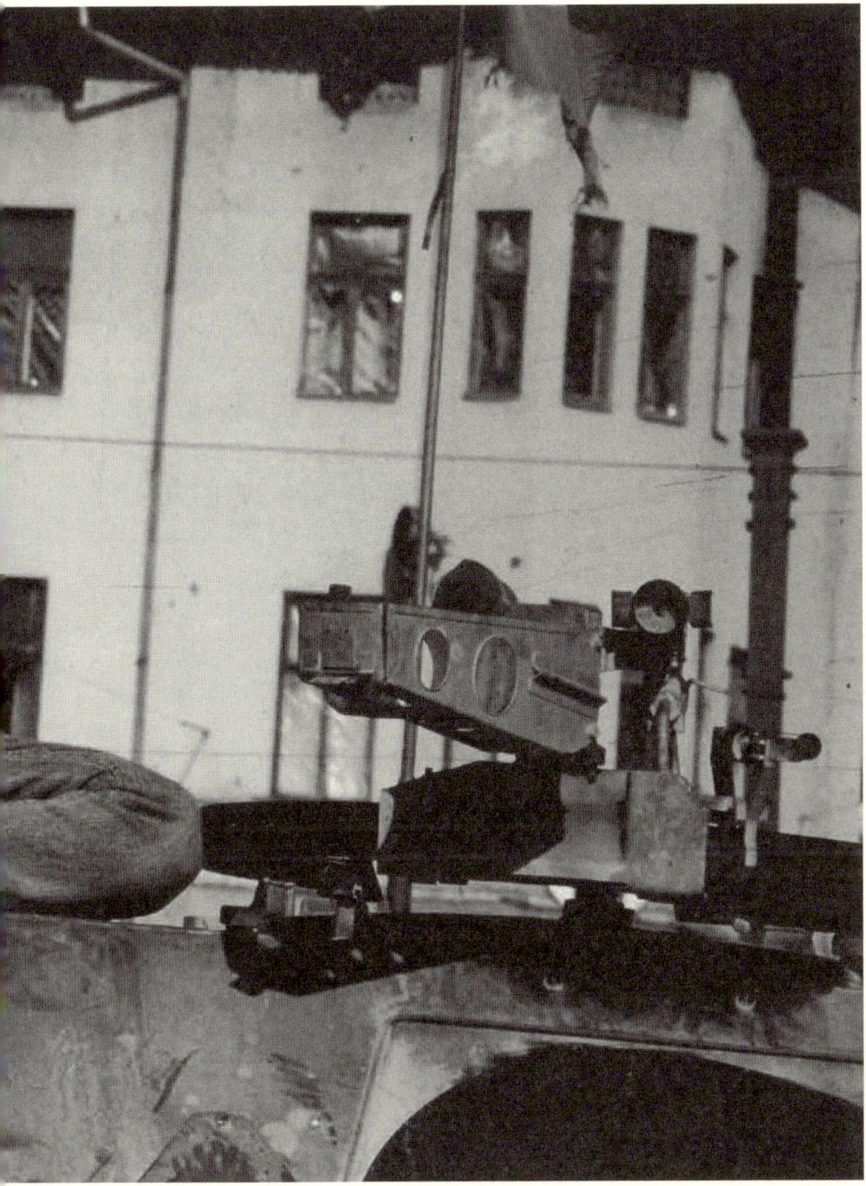

第3部　ちょっとだけ長い回想と、思い出の品々

　戦争のあいだ、ほかの国の子どもたちがサラエボの子どもたちに手紙を送ってくれた。私にも「ペンフレンドたち」がいて、彼らの手紙を保管していた。

　　メラ☺1984［p240-241の写真も］

　ボスニア・ヘルツェゴビナの国立大学図書館は、戦争の前には、旧市庁舎のなかにあった。

　　図書館が焼け落ちてから数日のあいだ、私は友だちと学校帰りに図書館に寄った。少しだけでも何か救えるといいなと思いながら、自分たちに見つけられそうなものをさがした。友だちは数枚の印刷物を見つけ、私はこの本を見つけた。しまいには私たちはすっかり煤と灰だらけになっていた (^_^)

　　アルマ☺1978

ぼくが負傷したのは10月8日だった。その日、ぼくたちはほかの学校に転任していた前の担任、タヒラ先生の家に遊びにいっていた。そのころには、ぼくたちは戦争にちょっと慣れはじめていた。世間知らずなぼくたちは、30人ほどで先生の家にいったのだった。先生の家ではパーティになり、ケーキが出て、みんなで笑い…だれも、何か悪いことが起きるなんて考えもしなかった。…でも、帰り道でそれは起きたのだ。

　狙撃のあと、ぼくがおぼえているのは、驚いたことに陸軍病院にいたことだ。そしてお医者さんに、脚を切らないでください、それからこのズボン、ぼくが持っているなかではいちばんあたらしいから気をつけてください、と言っていたこと。病院で過ごしたその後の日々は、ぼくにとって戦争中で最高の毎日だった。みんなが気にかけてくれて、お菓子があって、前線から帰ってきた兵士たちがいて、そして電気が通っていた。停電になることがなかったから、ぼくたちは電気を「最優先」と呼んでいた。

　友だちのアミールは、その同じ日に重傷を負った。アミールが負傷したときの写真がある。彼は緑色のジャケットを着て、道路を這って

243

進み、叫んでいる。この翌日、ぼくは車いすに乗ってアミールに会いにいった。彼はまっすぐに体をおこしていて、まるで針刺しのように、点滴やドレーン管をつけていて、切り傷だらけだった。「見てよ！」とアミールは言った。彼がジュースを一口飲むと、体の傷穴からジュースが出てきた。今考えるとぞっとするけれど、このときぼくたちは笑い、大喜びしたのだ。ぼくたちは死ぬなんて考えたこともなく、ただやってくる毎日を楽しんでいた。

ミルザ☻1981

この写真は1994年の4月に撮ったもの。いちばん左端が私、その隣がダルコ、ダミル、ズラタン兄弟、犬をなでている男の子がボヤン。

ヤスナ☻1982

1993年、ナフィヤ・サライリッチ小学校3年生のエルベディンが、フランスのテレビ局が訪問したときに詩を朗読しているところ。写っているのは、アリヤナ、セニブ、ジェルミン、アルディン、ダミル、ディアナ、ジェミラ、メルシド、インディラ、アメラ、担任のベルマ先生。

エルベディン☻1984

子どものころ、ペーパーナプキンを集めていた。

右上のバラの描かれたものはアミナ・ヘチョからもらった。1993年11月10日、私たちがいっしょに遊んでいるとき、爆弾が落ちて、私たちのあそびを永遠に中断させた。アミナは殺され、私は足に負傷した。左側のナプキンをくれたミネラとサネラは、脚と腕に重傷を負っ

た。右下のナプキンは看護師のヒダさんがくれたもの。ヒダさんは私の怪我の包帯を巻くために毎日きてくれた。

その同じ日に、友だちのアイディンとイブラヒムも亡くなり、レイラは負傷した。被害者のなかでいちばんちいさな子は2歳の赤ちゃんだったエルマ。エルマは重傷を負い、次の日に亡くなった。

ミレラ 1984

もしまた選ぶことになったとしたら、やっぱり私はサラエボに残るほうを選ぶわ。

レナータ 1978

ぼくは、ユーゴスラビアでまったく目にしたことのない新たなものをとっておきたいと思った。それは人道支援だ。あのころ、ぼくたちは人道支援を笑い飛ばして、こう考えた。「なるほど、いつものように、これは月曜日になればビジネスになるよ。だからこの、最初の缶をとっておこう」って。でも月曜日になっても危機は去らず、さらにはじめての缶が次から次へとやってきて、やがてぼくたちは、ユーゴスラビアでは目にしたことのないものばかりを食べるようになった。それが、缶を集めようと思った立派な理由さ。

サラエボ市内には実際にイカール缶詰の記念碑が建ったわけだが、こうして異なる3種類の缶詰があったことをおぼえている人はほとんどいない。このようなディテールにこだわったコレクションによって、戦争のときのこまごまとしたことをおぼえていられるってわけ。

フィリップ◯1981

だいすきなおばあちゃん、だいすきなおかあさん、
二人が、サラエボで起きたことをぜんぶ、一刻も早く忘れることができますように。
エディータ☻1983

1992年から1993年のこれらの写真は、コシェボが丘の若者たちを写したもの。戦争中、彼らは自分たちのアパートからKBTV(コシェボが丘テレビ)を放映していた—電気が通っているときだけ。彼らは自宅からありとあらゆる部品や道具を持ち寄って、それらを組み立てて「テレビスタジオ」を作り上げたのだ。
ヤスナ☻1980

大好きなダンカとミランへ
　私は1年生、ダルコは8年生です(ボスニアの初等教育は8年制)。こちらではばくげきはありません。こちらにきてください、とてもあいたいです。てがみをください。大好きよ。アナより

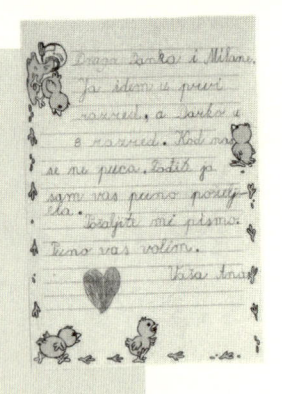

アナ 1987

戦争中だった幼少期から保存していた絵。
このなかの1枚には、裏にこう書いてある。

ベネラはサブリナ小学校の生徒。
彼女は12歳と半年。6年生のクラスにいます。
ファッションデザイナーになりたくて、
たくさんの絵を描いているの。

ベネラ 1982

左：1993年10月、
サラエボの、戦争中のふつうの日
右：1994年1月、サラエボの子どもたち

セルマのコレクションより

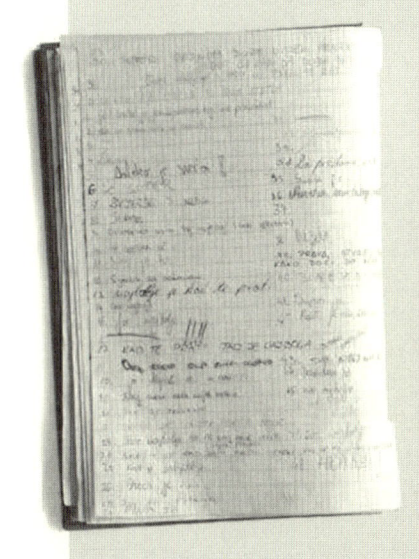

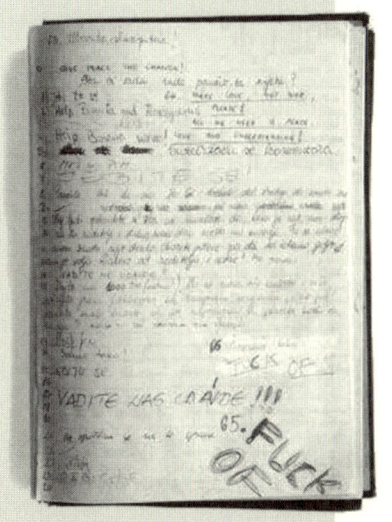

　　自由帳——ここには、たくさんの子どもたちの、質問にたいする答えが書きこまれている。

　「あなたの思ういい生活とは？」という質問にたいする、いくつかの答え。
すてきな服、たのしいこと、パーティ、おいしい食事、海と太陽の光…／平和、移動の自由、おいしい食事、外出、パーティ、買いもの、電気、水と信頼できるガス。／自由にあちこちいけること、外出、きちんとした食事、電気。／ちゃんとつかえるガス！／ごはん、くりかえすけど、ごはん／ストーブにあたりながらお米料理を食べること。／戦争以前の生活！／水、電気、食事、散歩！／

　「火のつけかたを知っていますか(ストーブを持っていると仮定して)？」という質問にたいする、いくつかの答え。

それ、今はまってる趣味！／まだ知らないけど、ストーブを手に入れたときにはつけられるようになりたい。／知ってる！／戦争がはじまってから知った。／火をつけるのは大好き！／ごめん、うちはガスストーブなんだ！／うちにはぜんぜん薪がない！

「世界に向けて、いちばん何を言いたい？」という質問にたいするいくつかの答え。
平和を我らに／くそったれ！／ボスニア・ヘルツェゴビナを助けて！／私たちに必要なのは平和と愛と理解だけ！／よう、目を覚ませよ！
わかってる？　戦争がはじまってから、両親も含めて、大人たちはずっと子どもたちをつらい目に遭わせてるんだよ／ここから連れ出して！／助けて、急いで、急いで(早く)！／もしわたしをかわいそうだと思うなら、ニルヴァーナのニューアルバムを送ってよ／ばかたれ！

「あなたにとって幸福とは？」という質問にたいするいくつかの答え。
幸福ははるか遠く！／(しあわせってどんな感じか)忘れちゃったわ／思い出せない。／それ、何？／幸福とは…おなかいっぱい！／恋してるとき／戦争の終わり！／世界じゅうを旅すること。／食べもの！

友だちみんなに、
1993年の新年のご挨拶を申し上げます(ひとり残らずに！)。
みんながどこにいるのか、何をしているのかわからないけれど。
せめてもう一回だけ、みんなに会いたい。
ずっとあなたの友だち、セルマより
　　セルマ☻1980

右上：1994年3月 サラエボの「スローガ」（連帯・調和）クラブでのロングライブ・ロックンロールコンサートのチラシ。
左上：1994年8月20日、国立劇場での、サラエボ交響楽団のコンサート。プログラムには、モーツァルトとベートーヴェンが入ってた。
中央：1994年4月1日、「カメルニ（室内）劇場55」で行われた、「スワンソング」のチケット。
下：1993年、国立劇場で上演された「砦」のプログラム。

右からイワナ・R、イワナ・F、セルマ

「ジャーリモ・ノルマルネ」ふつうなんてかっこわるいぜ、っていう私たちのバンド。

中等学生になってはじめての日。焼けた市民ホールにて。イワナ、ベドラナ、アイダ、ヤスミン、セルマ

戦争中の学校、8年生の1組。イワナ・R、サビナ、アンドレア、ジェニタ、ファリス、ディノ、チャミル、ジェナーナ、アルマ、エルビラ、セルマ

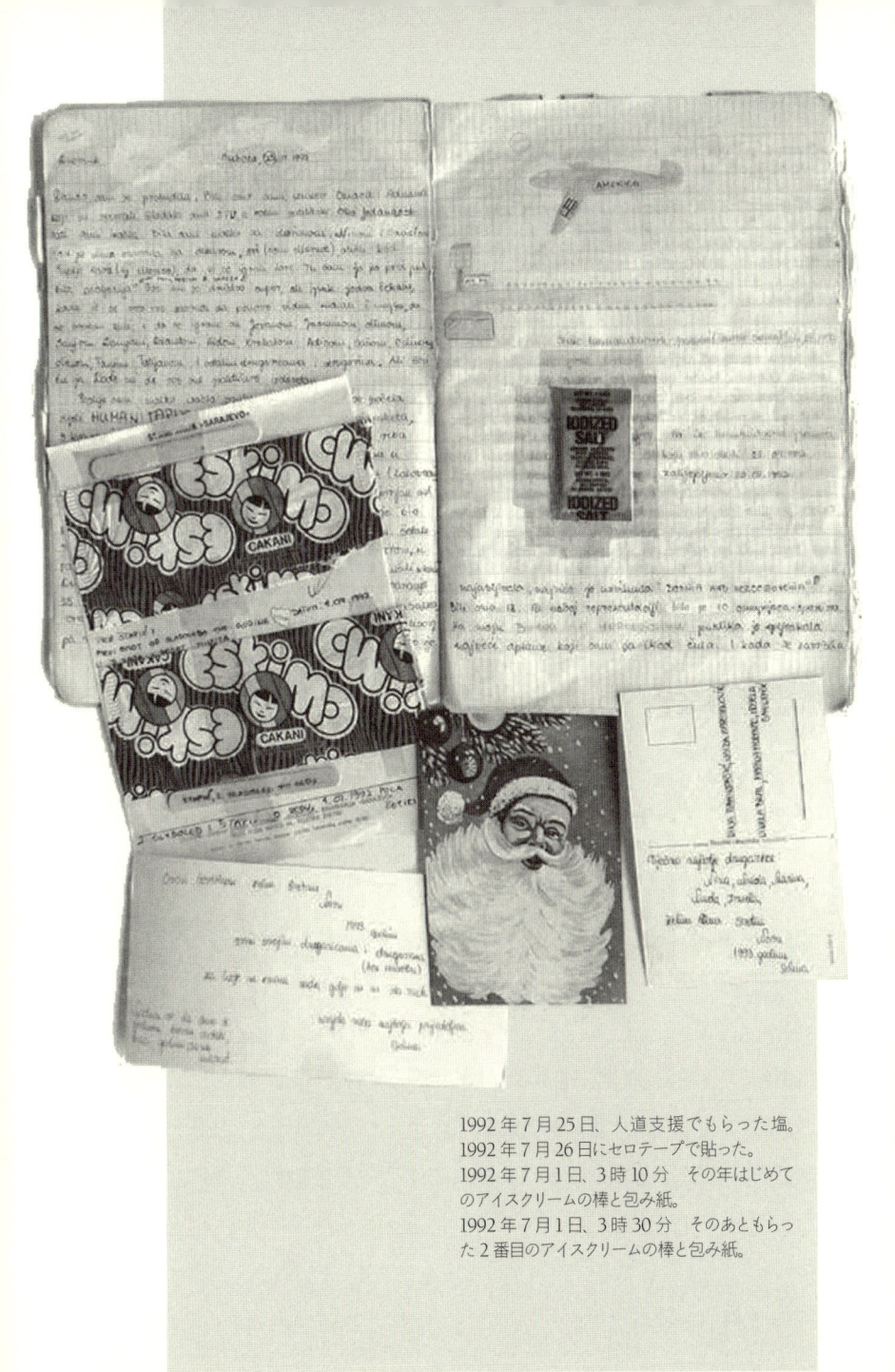

1992年7月25日、人道支援でもらった塩。
1992年7月26日にセロテープで貼った。
1992年7月1日、3時10分　その年はじめてのアイスクリームの棒と包み紙。
1992年7月1日、3時30分　そのあともらった2番目のアイスクリームの棒と包み紙。

A・Kの日記

ぼくの名前はA・K。1977年、ボスニア・ヘルツェゴビナ北部のドボイというちいさな町で生まれた。どこから話をはじめたらいいのかよくわからないので、ぼくにとってまったくあたらしい世界がはじまった日から、ということにしよう。つまり、まだ気楽で、ずっと遊んでいられた子どもの時間が、とても大きく変わってしまったところから。

1991年12月

朝起きると熱があり、扁桃腺が腫れていた。今日は学校で新年を祝うことになっていたのに、残念なことに参加できなかった。2時間は学校にいたんだけれど、具合が悪くなって、2人の友だちが家まで送ってくれたんだ。ニッキくん、どうしちゃったのかわからないんだけど、すごく気持ち悪いんだ。スキーがよくなかったのかも。すごく汗をかいたから。ちょっと横になろう。すぐよくなるさ。ああ、すごく疲れたみたい…歩くのもやっとだ。

続き…もう夕方だ。ニッキくん、とうさんとかあさんは緊張してニュース番組を見ている。古きよきユーゴ(そんなものがまだあったとして)の状況にかんする、ゴラン・ミリッチ(訳注:ニュースキャスター)の言葉を一言も聞き漏らさないように、耳を傾けている。スロベニアは独立を根拠としてすでに独自の道を歩みはじめたし、クロアチアは戦争中だ。ボスニアにも遠からず戦争はやってくる。わからないよ、ニッキくん…ぼくはまだ15歳の少年だけれど、こわいと感じていて、そう感じる理由もちゃんとある。ぼくたちも戦争にかかわることになりそうな気が、どんどんしてくるんだ。でも戦争はいやだ。ジョルジェ・バラシェビッチのうたうこの歌がこわい。

「この町のしずかな通りを　疲れた兵隊たちが通りすぎていく
彼らは今は陸軍に入っている
かなしい恋人たちが通りすぎる彼らを見つめる
彼らは狂った予感に悩まされている
ここで戦争を起こさないで」

　戦争…この言葉はぼくを震え上がらせる。ニッキくん、ものすごくこわいんだ、クロアチアの町ブコバルの人の写真を見たからだ…殺された子どもを抱えて運んでいる父親の写真だ。おそろしいよ。戦争とは、何もこわいものがなくて、何が起きても歩き続ける罪人であり怪物でもある。ニッキくん、もうベッドにいくよ、なんだかまた気分が悪くなってきた…あり得ないくらい疲れてるし。母さんが部屋に持ってきてくれた夕食も食べられなかった…食べたいけれど、だめだ…すぐ吐いてしまうから。

1992年1月
　ニッキくん、ぼくは今、イヤでたまらない病室できみに語りかけているんだ。ごめんよニッキくん、ペニシリンと、またべつのペニシリンと、それからなんだかわからないものや、あれやこれやのせいで、背中にぜんぜん感覚がないんだ。1カ月で10キロは痩せたよ、ニッキくん。お医者さんたちは、血沈速度（けっちん）は高いけれど、このいろんな注射をすればすぐに正常な状態に戻るだろうと言っている。どうやらぼくは今ひどい風邪をひいているんだ。

10日後
　明日退院する。ニッキくん、だいぶよくなったよ。また友だちに会えるのがたのしみでならない。ナヒド、エネス、ファディル、それからほかの仲間たち。

今は家で書いている。すばらしい。気分はいいけれど、家にはぼくに会いにきた近所の人たちでいっぱい、まるではじめてぼくを見たみたいに大騒ぎしている。

1992年2月

ニッキ君、また気分が悪いんだ…何よりも弱い感じ。歩くこともできないくらい弱ってる。何歩か歩くと座らなくちゃならないんだ、力が出なくて…めまいがして、脈がものすごく速くなる。また吐くようになってしまって、こないだなんか、吐いたものが緑色っぽかったんだ。最後に吐かずに食べられたのがいつか、もう思い出せない。とうさんとかあさんはますます心配して、ぼくをまた入院させたがっているけれど、いやだって言っているんだ。病院にいきたくないんだよ。

……

けれど結局のところ、両親の勝ちさ。この糞いまいましい病院に帰ってきた。病院じゅうに漂っている衛生的なにおいも嫌いだ。

ニッキくん、どんどん悪くなっていくような気がする…この文章だってちゃんと書けないほどだ。今朝、注射をされているときに気を失った。覚えているのは、しばらくして意識が戻って、友だちでもある医者、ラシム・B先生が隣にいたことだけだ。先生は泣いていた、ニッキくん、いいことが起こるってわけじゃなさそうだね。こわいよ、ねえ、ぼくはどうしようもないほどこわい。

1992年3月

ニッキくん、ぼくは今泣きながらこれを書いているよ。ぼくはサラエボの病院のベッドに座っている。2月29日にここに移されたんだ。ドボ

イからきたお医者さんたちは、ぼくの病気は白血病ではないかと考えている。それがどんなものかよくは知らないけれど、生物学の授業で、すごく危険な病気だと教わったことを思い出した。血液の癌みたいなものだ。神さま、どうか助けてください、そんな病気じゃありませんように。

そうして、ニッキくん、ぼくは戦争のことがますます心配になっているんだ。何もかもぜんぶ悪い方向に向かってる。今日かあさんは見舞いにくることができなかった。ここがバリケードで封鎖されているから。

骨髄穿刺(こつずいせんし)をすることになっていたお医者さんがイリッジャからここまでたどり着けなかったので、定年退職したお医者さんが代わりにやってきて、骨髄穿刺を行った。ものすごく痛かった。お医者さんがドリルのビットのような、とんでもない針をぼくの胸に押しこむあいだ、看護師さんたちがぼくの腕を押さえつけていた。あまりの痛さにぼくは絶叫した。なんで麻酔をかけないのか、わからない。今日、教授が看護師たちに、白血病だと話しているのがガラス越しに聞こえた。かあさんはぼくといっしょにいて、それからお医者さんや教授と診察室にいたけれど、ぼくには何も言わなかった。かあさんは、15日後には家に帰れるかもしれない、とまで言ったのだ。でもそんなふうには思えなかった……かあさんの顔を見たら、今まで泣いていたのがわかったから。なんにせよ、なんで今日ぼくは輸血を受けたんだろう？　なぜ熱が出たのだろう？　泣けてくるよ、ニッキくん…すごくこわい…そろそろ寝るね、もう何もできないし、また吐いてしまいそうだから。

…

神さま、どうか助けてください。ねえ、今日ぼくは看護師さんに、白血病ではあるけれど、おびえなくてもいいと言われたんだ。ガラスのパーティションで区切られたこの部屋の子どもは全員、同じ病気にかかっているから。ぼくもみんなと同じように禿(は)げるのかって訊いたんだ。だってみんな1本も毛がないし、なんだか腫れてるように見えるから。

257

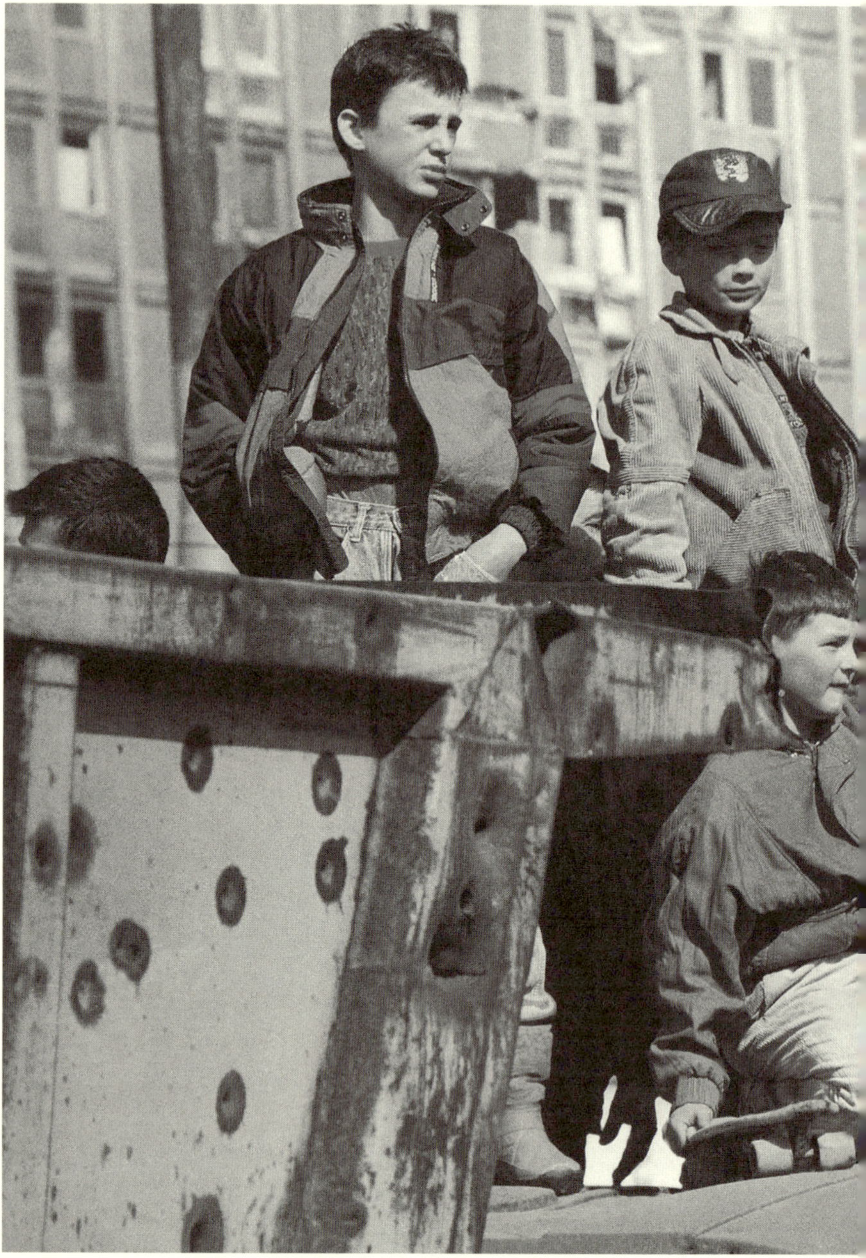

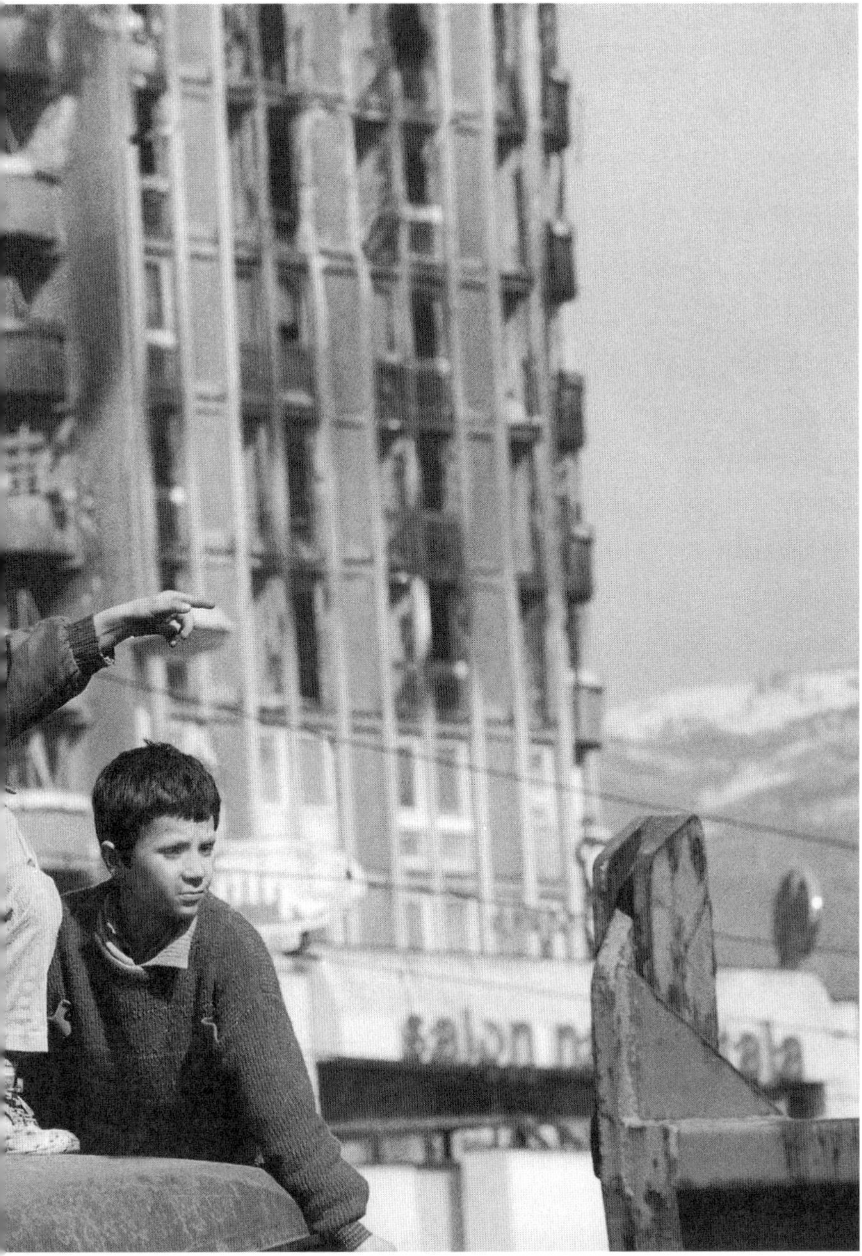

治療をはじめたら毛は抜けるだろうけれど、それはふつうのことで、また髪の毛は生えてきて、もっとふさふさになることだってある、と看護師さんは言った。そうか、そんなら、次は天パーじゃなくてまっすぐな髪が生えてくることを期待しよう。神さま、お願いしますよ。ねえ、友よ、なんとかユーモアのセンスを持ち続けようと思ってはいるんだけど、心のなかは恐怖でいっぱいだってわかってくれるよね。看護師さんがぼくに言ったこと、この状況、大人たちみんなの緊張とぴりぴりした感じ、そのぜんぶのせいだ。大人たちは、それをぼくたち子どもに隠そうとしているけれど、ばればれだよ。

ニッキくん、かあさんがまたきてくれた。かあさんは1日おきにきてくれる。とうさんはおじさんといっしょに仕事でイタリアにいっていて、にいさんは軍事訓練でまだライロバツ(サラエボ郊外の町)にいる。見舞いにくるのには司令官の許可がいる。

今日、かあさんのあとににいさんがきてくれて、ギターを持ってきてほしいかと訊いた。持ってきてほしいとぼくは答えた。ぼくにはにいさんがこわがっているのがわかる。にいさんは今、仲間とともに高射砲の訓練をしていると話してくれた。こんな病気の日々のなかで、ひとついい知らせがあったよ、ニッキくん。10月に学校でやったIQテストの結果を、かあさんがぼくに教えてくれたんだ。ぼくのIQは、テレビドラマの『24』のだれかと同じだとかあさんは言うんだけれど、その結果を自分の目で見るまでは信じることができない。あーあ、いつかその結果を見られることができればの話だけれど。ますます残念。

1992年4月5日(訳注:サラエボで本格的な戦闘が始まった日)
　恐怖…苦痛…戦争？？？　ニッキくん、ここでも戦争ははじまっているというの？　ぼくはこれ以上ないほどこわがってる。看護師さんたちの部屋で、看護師さんたちとテレビを見ている。やつらがサラエボに発

砲している。やつらは、今日、橋の上で女学生を殺した。ホリデイ・イン・ホテルの窓からスナイパーが彼女を殺したんだ。今日はラマダン明けのお祭りだ、ニッキくん。でもだれも祝わない。かあさんが電話で「すばらしい一日になりますように」と言ってくれたんだけれど、泣き出してしまった。なんで泣いているのか訊いたけれど、答えなかった。かあさんはただ、こわがらなくていい、すべてうまくいくわと言い続けた。いろいろ動揺することや、ボスニアで起きている嵐のようなことのせいで、自分自身の健康について書くのを忘れそうになってしまった。治療がはじまって、今では自分が白血病だということを100%確信している。髪は少しずつ抜けはじめた。少しずつ抜けていくのを待つのなんてごめんだったので、今日、丸刈りにしようと決めた。そのほうが、毎朝枕に脱け毛のかたまりを見つけるよりはいいもの。

　今のぼくはみっともない。神さま、お願いです、死なないように助けてください。生物学の授業で習ったことが正しければ、この先の見通しがよくないことはわかっているんだけれど、看護師さんたちは、肺炎みたいなものだから心配いらないと、ぼくに信じさせようとしている。ぼくは子どもだけど、もう知ってるんだよ、ねえ友よ、看護師さんたちはぼくをなぐさめようとしているだけだって、そうだよね？　もし肺炎なのだとしたら、なぜ朝に薬を18錠も飲んで、昼に18錠、夜に20錠飲んでいるのさ…なんのために？　どうしてだれも、きみは余命1カ月だってぼくに面と向かって正直に言わないんだろう…ニッキくん、なぜだれも言わないんだろう。こんなふうにされるほうが、そう言われるよりずっとつらい。ぼくが知りたいのは、あとどのくらい生きなければならないか、ってことだけ。ほかには何ひとつない。願わくば、もう一度自分の家で、春になって花が咲くのを見たい。たとえ見られないとしても、ぼくはいつだって思い出せる…すべてが生まれ、すべてがいきいきとする春が、ぼくはずっと好きだったから。今年の春もきっときれいに花が咲くはずだよ。うーん、すべてがいきいきと…いや、すべてではないかもね、ニッキ

くん。きっとぼくは春になってもいきいきとはしないと思うな。ニッキくん、きみは本当の気持ちを話せるただひとりの存在だ。はじめてきみが本当にいるような気がしてきた。ねえ、だいじな友よ、ぼくは死ぬのがこわい。どうにかなっちゃいそうなほどこわい。

1992年4月10日
　ニッキくん、ぼくは家にいるよ…治療の合間に10日間のなか休みがあるんだ。お客さんたちはさっき帰って、かあさんはぼくが寝る支度をしている。ここでは戦争は起きないと、もうだれもがぼくに言わなくなった。今日、かあさんはやっとのことでぼくをサラエボから連れ帰った。ぼくたち患者は、今までいた建物から、道を隔てたところにある建物に引っ越しさせられた。フムの丘にあったテレビ塔が砲撃で壊された。ぼくはこの目でそれを見たんだ。すさまじい爆発だった。こわいよ。迫撃弾が爆発する音はものすごいんだ。もしも戦争がはじまったら、もっと安全なべつの建物に引っ越すんだって言われたけど、冗談もいいところだよ。ぼくたちはまだ子どもかもしれないけれど、戦争がどんなものかはもう知ってるんだ。引っ越したからってどうなる？　今やっているのはサーカスのパレードか何かで、間違ってほんものの大砲を使ってテレビ塔を壊しちゃったとか？　じゃあなんで、町ではだれもが武装して歩きまわっているんだ？　駅に着くまでの10分で、こういうのをぜんぶ車の窓から見たんだ。ここドボイでは、すべてがいつもどおりだ。馬鹿なやつが、アルバニア人の経営している駅前の食堂を爆弾で吹き飛ばした以外は。だけどぼくはこわい。お帰りって言いにきてくれた近所の人たちは戦争のことばかり話していた。かあさんは、4月13日にとうさんが戻るって言っていた。
……
　まだ家にいるよ。今日はドボイの病院で採血された。サラエボにいたときから、ドボイに戻って7日目に採血をするように言われていたんだ。

ぼくは本気でサラエボに戻りたくないんだけれど結局はそうなっちゃうみたいだ。毎日学校の友だちが会いにきてくれる。担任の先生も今日きてくれた。先生はぼくを抱きしめると泣き出した。なんで大人はいつも泣くの？　ニッキくん、なんでだろうね？　ぼくは自分が白血病だと知っているけれど、すぐによくなるよとみんなが口をそろえなければ、そんなに深刻な病気だと思わなかったかもしれない。だって、すぐによくなるのなら、なんでみんな泣くのさ？

1992年4月13日

　とうさんと叔父さんがイタリアから帰ってきた。

1992年4月17日

　ニッキくん、ぼくはとうさんともかあさんとも口をきいてないんだ。だってぼくをサラエボに戻そうとしているんだもの。お願いだからそうしないでって頼んでるんだ。いっしょにいられるのはこれが最後だとぼくは思ってるから。

1992年4月21日

　またサラエボにいる。どうしようもないくらいかなしい、とだけ書こうと思う。とてもつらいし、何より、とんでもなくこわいんだ。遠くで叫び声が聞こえて、びくっとするよ。またひとりぼっちだ。ニッキくん、泣けてくるよ。もうだれとも口をきくもんか。

1992年5月2日

　ニッキくん、5月2日だ、サラエボが燃えている。戦争だ…戦争。そうじゃないなんて、だれにも言えまい。戦争だ。我が国の軍隊が…我が国？？？……JNA（ユーゴスラビア連邦軍）がサラエボへの攻撃に加わっている。すべてが燃えている。ぼくはずっとラーデ・シェルベジヤの

歌を聴いていた。
「いやだいやだ
友だちと敵になるなんて
いやだいやだ
自分の民族を裏切れない」

　この歌は遅れてる…ラーデ、遅すぎたよ。残忍なやつらが今では我がもの顔だ。ニッキくん、ぼくがおそれていたことはもうはじまっていたよ、半年も前に。どんどんこわくなる。ニッキくん、ぼくは喪失感を味わっている。文章を書くための集中力もない、そんな自分を見つめているよ。

1992年5月20日
　ニッキくん、震えが止まらない…。ぼくはまだ泣き続けてる。きみを涙で濡らしても怒らないでほしい。本当は泣きたくないんだ。かあさんが電話をかけてきた。かあさんは泣いていた。かあさんと兄弟とおじいちゃんは、みんなオラホビッツアにある叔母さんに家に逃げるように強制されたらしい。それから、シェバル叔父さんが殺された。

1992年5月26日
　血…炎…発砲…泣き声…。ぼくは今、病院で、ほかの子どもや看護師のイェブラさん、ミルサダさんといっしょにいる。みんな緊張してラジオを聴いたり、泣いたりしている。チェトニック（セルビア民族主義の民兵）たちがピオニール公園のほうから撃ってきている。何もかもが震えている。イェブラさんとミルサダさんは、口を開けているようにとぼくたちに言った。そうすれば迫撃弾が近くで爆発しても、鼓膜がポンと割れてしまわないらしい。ニッキくん、本当にこわいけれど、書かなくちゃいけない。これが、ぼくの書く最後の言葉になるかもしれないからだ。とうさ

んやかあさん、兄さんのことを考えてる…みんな、今はどこにいるんだろう、ニッキくん。もうかあさんと電話で連絡を取ることもできないんだ……

　とうさんは生きているだろうか？　いつかまた会えるかな？　ニッキくん。ぼくは泣きながら書いている。極悪人め…ぼくは白血病で死につつあるのに、それだけじゃ飽き足らないのか。イェブラさんの話では、見まわりにきた兵士たちが、向かい側の建物、産科医院の地下に、全力で駆け込む準備をしておくべきだと言ったらしい。でもぼくたちは、兵士たちが呼びにくるまでしばらく待つことになるだろう。ニッキくん、もしぼくが生き残れなかったら…どうかぼくが生きていたことの証人になってほしい。きみを見つけた人に伝えてくれ。ぼくはただ生きたかっただけだ、ほかには何も望んでいないって。そしてその人に頼んでくれ。もし可能ならドボイ近くのグラプスカにいるカドリッチ一家を見つけて、ぼくがみんなを愛していたと、ぼくのために泣かないでと、伝えてほしいって。どのみちぼくは白血病で死ぬ運命だったんだから。友よ、息を引き取るその瞬間までぼくは書き続けたいよ。もし最後のページがぼくの血で染まることになっても。友よ…ぼくの話を忘れないでくれ。ぼくが生きることをどれほど愛していたか、でもそれは手に入らなかったことを伝えてほしい。いろんなことが頭のなかをよぎっていくよ。友よ、ぼくが今何を思いだしているかわかるかい？　家の裏のリンゴの木や、ぶどう棚の下にあったテーブルのことさ。そこで「アラン・フォード」や「ザゴール」「コマンダント・マルコ」なんかの漫画を読むのが好きだったな…数え切れないほどたくさん、ナヒドとそこに座って、どの中学校に進学すべきか話し合った。ナヒド…今どこにいるんだろう？あっ、ニッキくん、走らなきゃ、この続きはあとで。

　21時。ニッキくん、ぼくらがここに走ってきたのは19時30分だった。おそろしかった。こわくてまだ震えが止まらない。泣き続けている。

こわいよ。たった今、ベトナム映画で見たようなシーンを乗り切ったんだ。兵士が銃を撃ち続けているなか、ぼくたちはひとりずつ走って通りを渡った。熱が出てきたみたいだ。今、ぼくたちは狭い部屋で、缶詰のオイルサーディンみたいにぎゅうぎゅう詰めで横たわっている。ぜんぶで19人。アンキッツァが鼻血を出して、看護師さんたちが止めようとしている。停電していて、水も瓶に少し残っているだけ。ろうそくの光でこれを書いてる。イェブラさんが言うんだ、「こんな混乱したなかで、よく文章が書けるわね」って。つらくて苦しいからこうして書き続けているってことを、イェブラさんはわからないんだ。書いているうちに、自分でもなぜ書いてるのかわからなくなる…わかるのは、ただ、書いてること、何ものかがぼくに書かせていることだけ。ほんとうにこわいんだ…やつらがここにきませんようにとぼくは神さまに祈る。やつらはあらゆることをやっている。部屋の外で看護師さんたちが、3人の赤ちゃんが亡くなったと小声で話しているのを聞いた。看護師さんたちはすごくつらかっただろう。それから、この建物の2階が燃えているとも言っていた。もう書くのは無理だ。このろうそくをべつの部屋に持っていきたいらしい。具合の悪い人がいる部屋に。明日また書くよ…うーん、明日また?

友よ、生きていれば、ってことだ。もしそうじゃなかったら…きみが続きを書いてくれ。

1992年5月27日

爆撃は鎮静化してきた…そしてぼくはまだ生きてるよ。今朝、病院の人たちは、ぼくたちをコシェボ地区に移す予定だと言った。その前に看護師のミルサダさんが、かあさんと電話で話して、ぼくの無事を伝えたと話してくれた。これで少し心配が減った。友よ、かあさんも生きているとわかったからね。ぼくはミルサダさんに、とうさんのことを訊いてみたんだけれど、とうさんはまだドボイの捕虜収容所にいるらしい。けれ

どかあさんの話によると、何かの交渉をして、とうさんはもうすぐ出てこられるらしい。それからしばらくして、またミルサダさんがやってきたんだけれど、彼女は泣いていた。ただ「血が」と泣き叫んで、ほかには何も言えない。ほかの看護師さんがミルサダさんの涙を拭いて、何かの錠剤を飲ませて、何があったのか訊いた。ミルサダさんは話しはじめた。さっきバソ・ミスキン通りで大虐殺があったということだった。パンを買う列に並んでいた人たちが虐殺されたのだ。チェトニック軍が迫撃弾を幾つも撃ちこんで、人々を殺したんだ…兵士がやってきて、移動するようにって…またあとで書くよ…
……

　続きを、ここコシェボで書くよ…部屋はテレビでニュースを見る職員でいっぱいだ。ぼくも同じようにテレビを見て、ときどきこうして書いている。職員たちはみんな泣いて、ただテレビの画像を見つめている。バソ・ミスキン通りがテレビに映し出される…ニッキくん、こわいよ…そこらじゅう血だらけだ、壁にもたれてる男の人、その人の脚はちぎれている…血がだらだら流れ、残った部分が体といっしょに引きつって震えている。あたり一面叫び声と泣き声…みんな、けが人を車に押しこんで、なんとしても病院に連れていこうとしている…極悪人…けだものたち…なぜやめようとしないんだ…パンの列の人たちが、おまえらにいったい何をしたっていうんだ…ねえ、友よ。殺されてしかるべきどんなことをしたのか、ぼくにはわからないよ。

1992年9月

　もう4カ月も、とうさんとかあさんの消息を聞いていない。とうさんたちもそうだろう。戦争は拡大し続けている。毎日増える死者…これからどうなるんだろう、ニッキくん、でもぼくはもう泣かない。ぼくは麻痺している。悲惨な場面には慣れた。電気も水もない。ときどき、病院の人が発電機を作動させるけれど、それも数えるほどだ。ぼくたちはまだコ

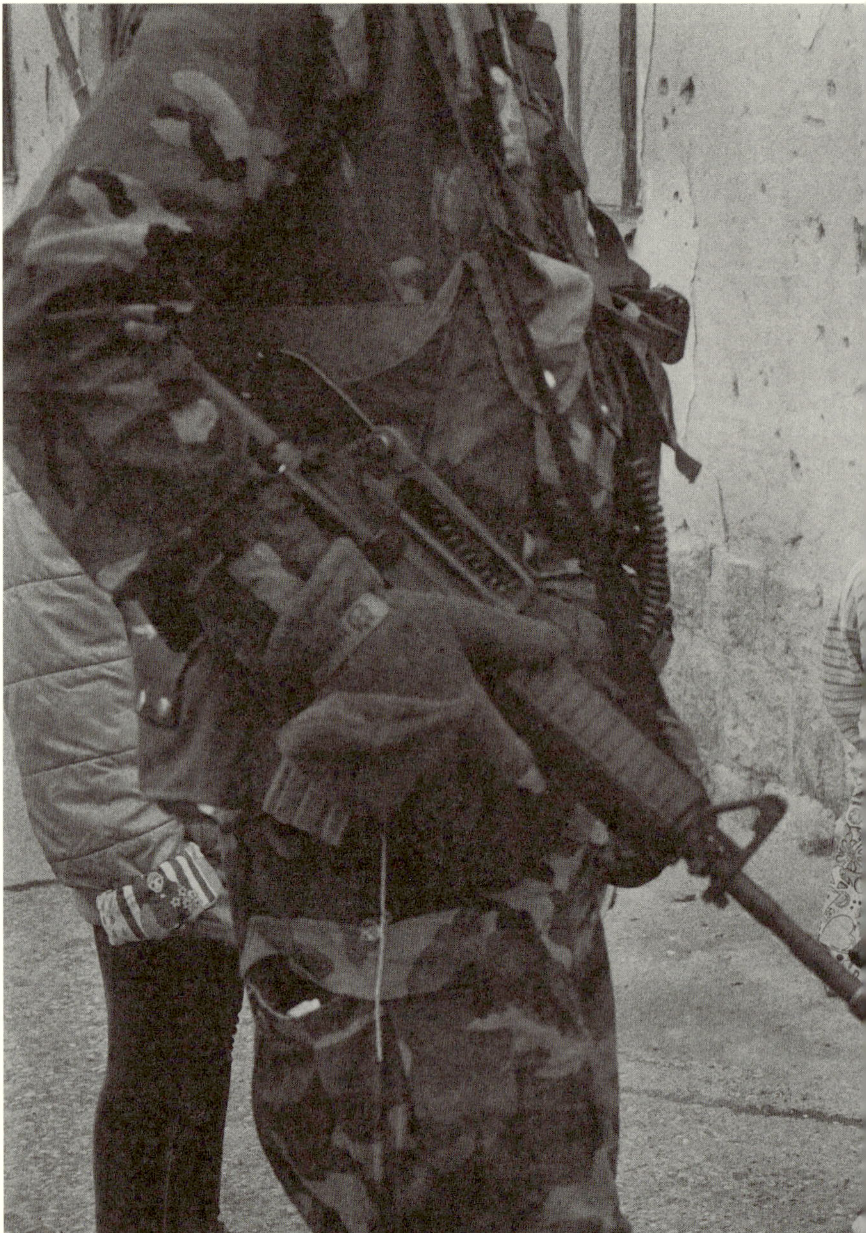

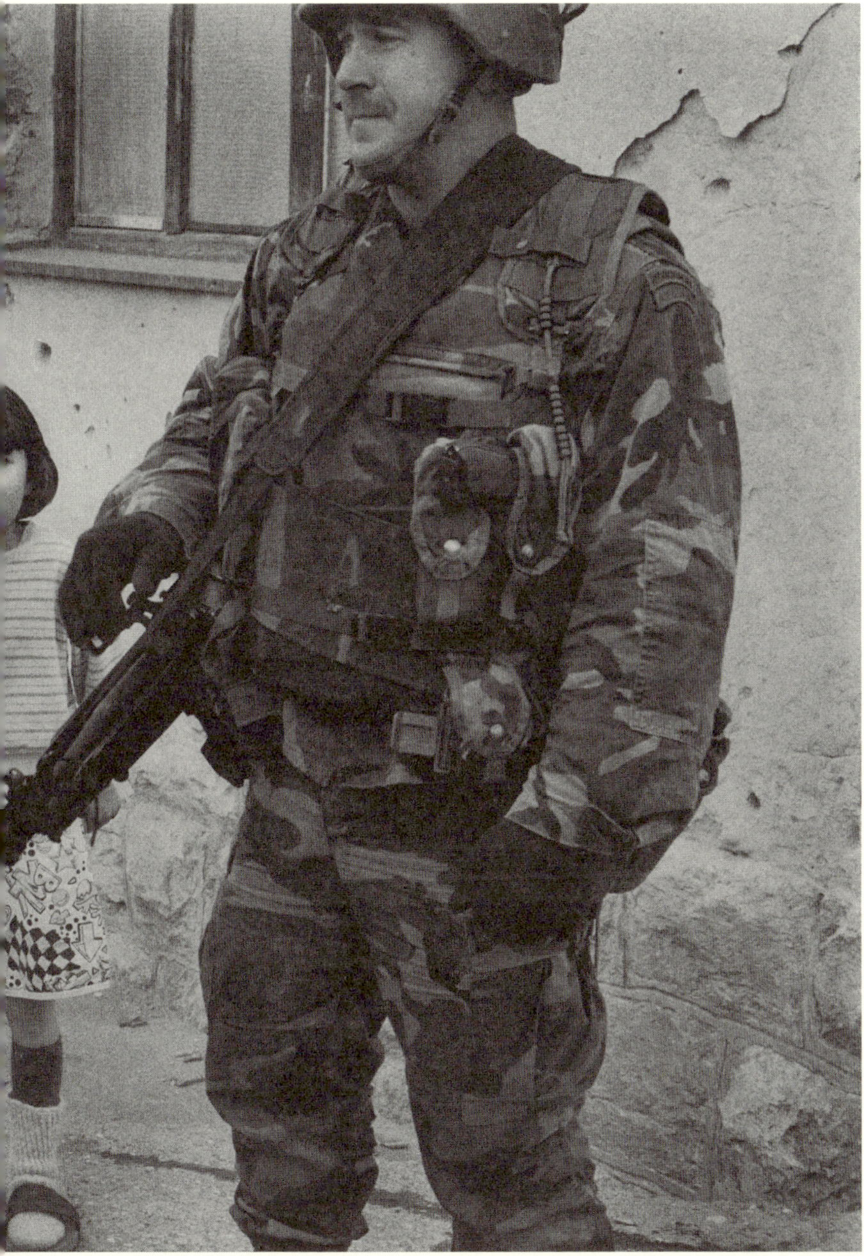

シェボの病院の外来棟にいる。1日に3回給水車がやってくるけれど、それだけだ。友よ、腹ぺこだ…今じゃもう、野菜がどんなかたちをしていて、バナナやコカコーラがどんな味だったか忘れてしまった…もし、水より好きだったコカコーラを1杯飲めるとしたら、いったい何を犠牲にしよう。食事はいつも同じ。朝は、パンを一切れ。人道支援で届いたデンマーク産の、ものすごくしょっぱいチーズが薄く塗られている。昼食はいつも米──ときどき水っぽく、ときどきぱさぱさしている──、一切れのパン。マカロニが出る日もある。マカロニにはとうてい見えないんだけど。夕食にはおそろしいスープ、というより色のついた水。でもそれでもたいせつなものだ。政治家たちはジュネーブやニューヨークといった大都市をうろついて、コーヒーをすすったりラム肉を食べているんだろう。ぼくたちは死にかけているっていうのに。ぼくの治療は少し前に切り上げられた。病院の人たちは、国連がぼくをどこかに避難させると期待しているけれど、ぼくはそんなことは信じない。最初はドイツにいくことになっていて、それからアメリカ、それからフランス、イタリア、今はついにオーストリアになっている。

……

　今日、教授に、もしきみがこうして日記を書き続けたら、もうひとりのアンネ・フランクになるねと言われた。アンネ・フランクってだれですかと訊くと、第2次世界大戦中、ファシストに見つかって殺されるまで日記を書き続けた女の子だ、と教えてくれた。ニッキくん、ぼくたちの運命もそうなるのかな…ニッキくん、もしもぼくが殺されたら、アンネの日記みたいに、ぼくがいたことの証人になってくれるかい？　アンネのことは今まで聞いたことがなかったけれど、彼女の日記を読んでみたい。その日記はきっと彼女の親友だったんじゃないかな、きみがぼくにとってそうであるように。

1992年11月4日
　泣きながら目覚めた。今日はぼくの誕生日なのに、おめでとうと言ってくれる人がだれもいない。コソリッチ教授はさっき部屋にやってきてぼくにキスをし、万事うまくいきますようにと言った。万事うまくいく…教授には感謝しているけれど、何がぼくにとって「万事うまくいく」ということなんだろう…白血病で死ぬことか、スナイパーに殺されることか、それならそんなに長くない？　ともあれ、教授には感謝しているんだ、ニッキくん。あんなことを言ってぼくを混乱させたことを、教授は知らないだろうけれどね。ニッキくん、とうさんやかあさん、兄弟はどこにいるんだろう？　みんなとまた会えるんだろうか。去年の誕生日を思い出す。ぼくらはみんな家にいた。たのしかったなあ…とうさんとかあさんがプレゼントをくれて…しあわせだったな…しあわせ、しあわせ、…ああ友よ、しあわせってことを感じたり体験したりすることが、もう一度あるんだろうか…しあわせ。神さま、あとどのくらい、こんな状態にいなければならないんですか、どうしてこんな目に遭うんですか…どうかぼくに教えてください。これ以上我慢できない。ねえ、ぼくの友だち、ぼくには何もできない、ぼくには力がない。お誕生日おめでとう、自分。あと何回、泣きながら眠らなきゃならないんだろう？　あと何回？？？

1992年12月31日
　今日は大晦日…でもニッキくん、ぼくには新年である、という以外になんの意味もない。ある人たちにとってはとくべつな日だけれど、ぼくにはもはやそうじゃない。去年まではとくべつな日だった、でももう、ちがう。前は、新年の贈りものや家族の団らん、とくべつなごちそうが好きだった。めでたいお祝いだけれど、でも今、何を祝えばいいの？　何を…スナイパーと迫撃弾を？
……
　ぼくは依然としてなんの治療も受けていない。病院の人たちは、治

療のためにぼくがすぐに国外避難できると思っているんだ。教授はもうそんなこと信じていないというのに…。今日、教授は憤慨してた。いつ中止しなきゃいけなくなるかわからない、という理由で、治療をはじめられないからだ。しかも治療の第2段階は、もっとずっと前にはじめなくちゃならなかったんだ。ニッキくん、ほかの職員の人たちとおなじように、ぼくにとっても教授がただひとりの父親であり母親である。教授は家のことをいろいろ思い出させてくれる。ときどき調子に乗って、教授のなかにとうさんの姿を見ることもある。ぼくはずっと教授のことを忘れないだろう。ドラゴミール・コソリッチ教授、ぼくは息を引き取る瞬間まで彼のことを忘れない。

1993年2月18日

今日、やっと、国連と国連難民高等弁務官事務所とユニセフ、その他の団体のすべてと約束していたとおり、治療のためにドイツに移送された。ケルンに近い、ベンスベルクという町だ。ほかに何人かのけが人もぼくといっしょに移送された。サラエボで怪我をした子どもたちだ。ニッキくん、やっとぼくはふつうの環境で治療を続けられるんだと願っている。いわゆる、「文化的な、通常の生活」で、だ。戦争中のサラエボじゃなく、人間はもちろん、鳥たちでさえ生活が困窮している場所じゃないところで。不思議だよね、きみも見ているとおり、電気も水も、静けさもある。患者たちは本を読み、テレビを見て、果物を食べ、ジュースを飲み…友よ、これがふつうのことなのに、ほんの1,000キロほど南、ぼくが抜けだしてきたところでは、もう1年もこうしたものを目にしたことはなかった。夕食を食べ終えたところだ。ねえ、ぼくの友だち、1年ぶりに新鮮な牛乳を飲んだ…うううう、ものすごくおいしい。牛乳がどんなで、胃のなかでどんなふうに感じるか、ほとんど忘れてたよ。苺ジャムも食べたし、パテも食べて、デザートにはクリームののったフルーツサラダを食べた。これがぼくにとって本当のごちそうだって知ってるよね？

ここの人たちにはいつもどおりだ。でもぼくにとってはごちそうなんだ。

1年ぶりに、おなかいっぱいで満ち足りた胃を抱えて、横になって日記を書いている。ふつうの電灯の下で書くのもすごくひさしぶりだ。コップに油と水を入れて、包帯で作った芯を入れたろうそくじゃなく。隣のベッドの人を見ると、夕食にまったく手をつけていない。友よ、サラエボの病院にいる仲間たちに夕食を送れるなら、どんなことでもするよ。そうすればみんな、「本当の食べもの」をまた味わえるだろう。ねえ友よ、本当の食べものは何もかもすばらしいよ。だけど、この先、ぼくはまたとうさんとかあさんに会えるんだろうか？　二人は、ぼくが無事にサラエボを脱出したことをいつかは知るだろうか？　せめて、とうさんたちがなんとか切り抜けて、どこか安全な場所に落ち着いたかどうかだけでも、知ることができないだろうか？

そして

1993年6月から7月、治療が終わるまでぼくはベンスベルクの病院にいた。それからシュタイネンブリュック（ケルン近郊の町）のドイツ人家族に、一時的に受け入れてもらい、その後、ボン近郊のケーニヒスヴィンターのべつの家族と、1カ月と少しのあいだいっしょに暮らした。そこから、1年と半年ぼくの面倒を見てくれた家族のもとに移された。ぼくは彼らのことをぜったいに忘れないし、心の底から感謝し続けるつもりだ。退院してからも1年間、経口療法を続け、ぼくの白血病は完全になおった。

両親にようやく会えたのは、1994年の終わりだった。アマチュア無線を通じてふたたび連絡が取れるようになったのだ。最初の会話を未だに覚えてる。ぼくは完全に混乱していた。それまでにもう何度も、親戚や友人たちにかんする間違った情報を受け取っていたせいで、きっ

とまただれかが嘘をついているに違いないと思ったんだ。テレビ塔近くにあるケルン公園で、かあさんと再会できたとき、ぼくは世界一しあわせな人間だった。かあさんはぼくがだれかもわからなかった！　この日は、ぼくにとっては最高にしあわせな1日となった。その少し後で、とうさんもやってきた。1994年の11月か12月に、ぼくは両親といっしょに暮らすことになり、それからはどこにいこうとも、もうみんなずっといっしょだ。

　最後に、ぼくの大好きな詩人、エセーニンの言葉を引用したい。
「私は何？　私はだれ？
私はただの夢想家
私の見たまぼろしは
霧と土に消えていく…」

アドミール 1977

特別寄稿 困難な時期にどう生き残るか

イビツァ・オシム
元サッカー日本代表監督

　戦争がはじまってすぐ、結果的にあれが最後のサラエボ行きになったのだが、ベオグラード空港で尋ねられた。「どちらまで？」「サラエボへ」と答えると、「サラエボ行きの乗客はあなた一人のようです」。1992年4月のこと、搭乗まもなくサラエボに着陸した。スチュワーデスが言う、「サラエボなんかでいったい何を？　どこに行くんですか？　無理ですよ、飛行機からは誰も降りてはいけないのですから」。本当に乗客は私一人だった。機内で乗客には全員にウイスキーが振る舞われた。つまり私が一人で飲んだのだが──。

　これまで何度も多くの人びとから、戦争について話せ、あるいは何か書いたらどうかと誘われた。しかし、私が何をどのように書いても気に入らない人はいるだろう。そういうものだ。つねにデリケートな問題だ。しかし、この『ぼくたちは戦場で育った』は話が別だ。つまり子どもが話題の時は事情が違うということだ。この本は願いの本だ。小さくささやかな願い──ああ、あれがあればいいのに、これがあったらなあ──という願いだ。戦争がなければ、そのような願いは生まれない。戦争というアブノーマルな状況が、ふだんはあって当たり前のものへの欲望へと人間を駆り立てる。あらゆるものが不足すると、もっとも平凡なもの、パン一切れ、タマネギ一かけなどが巨大な存在になる。あの当時に子どもだった人びとの言葉から、当時の人びとの願いはとてもささやかだったことが分かる。そうした戦争を体験していない読者がこの本を読めば、小さなものが巨大な願いになる様子がよく分かるだろう。

結局、私は最後の便のひとつに乗ってベオグラードへと戻ったわけだが、サラエボ空港で目撃したのは、まるで大地震か何か自然災害にみまわれた空港で起こっている出来事だった。ここから脱出しようと集まってくる人びと。空港は超満員、飛行機には限りがある。中には私のことを見知っている人びとがいて、オシムのことだから何枚でも余分にチケットを手に入れるだろうと信じている。私の手元には自分の分の1枚しかないというのに。仕方がないので、空港中を駆け回り、なんとか5枚だけチケットを手に入れて、その人びとが脱出便に乗れるように分けてやったりしたのだが ── 。

　ベオグラードで私は、ユーゴスラビア代表監督を辞任した。大半の人びとは私の決意を尊重してくれた。しかし、その後しばらくして、今思い出しても胸が痛む出来事に遭遇することになった。ある日、小学生のグループとすれ違った。若い男の教師が引率していた。私に気がつくとその教師は言った。「ほら、ユーゴスラビアの裏切り者がいるぞ」と。そいつを捕まえてバラバラにしてやりたい気持ちだった。それにしても、自分には監督を辞任するほかに何ができたというのだろう。辞任会見で私は、これは自分の一身上の理由であり、私個人が決断したことだとのべた。それが自分の生まれた町のために私ができる唯一のことだったのだ。サラエボは砲撃されている最中だった。

　いずれにしろ、辞任ぐらいでサラエボの状況が変わるものでないことも分かっていた。事態は予想をはるかに超えて悪化していた。サッカーでは何も変えられない。イタリア（1990年のワールドカップ）で世界チャンピオンになっていたとしても、戦争は起こっていただろう。もう後戻りはできない。それほどひどい、激烈な戦争がはじまっていた。この年、1992年にスペインのジャーナリストたちからインタビュー

を受けた。ある女性記者は、この戦争についてどう思うかと聞いてきた。答える間もなく彼女は自分がボスニアで目撃したことを話し始めた。ある村をセルビア人が焼き討ちにした。子どもまで殺し、ボールの代わりにその子の頭でサッカーをしていた。ひどい話だ。彼女はしまいには泣きながら、私に尋ねるのだった。しかし、いったい何が言えるというのだ。彼女はそこにいて、それらを見ていたのだ。そういう時に、人間は何が語れるというのだ。

戦争が続いている間、私はサラエボではなく、ギリシャとオーストリアにいた。サラエボには私の妻と娘が残っていた。初めて妻と連絡が取れたのは、試合でスコーピエ（マケドニア）に行った時のことだ。サラエボでは昼間から砲撃が始まっていた。夜になって、なんとか電話がつながった。少し話した後、妻は受話器をバルコニーの方に向けて、ほら聞こえるでしょと言った。見えないけれど、聞こえる。その砲弾はいつ、どこに墜ちても不思議ではないということを私は理解した。

電話が鳴るたびに、何か悪いことが起きたのではないかと思う。受話器を取り上げられない。いつも何かひどい知らせを待っている気持ちだ。その後（電話局が破壊されたため）サラエボには電話がつながらなくなった。その当時、私はアテネでパナシナイコスの監督をしていた。サラエボに連絡を取る時は、衛星通信かなにかの手段で呼び出す。サラエボでは電話ではなくアマチュア無線で受信するのだ。何度かこの方法で妻と話すことができたが、その労を執ってくれた人物の名をわたしは知らない。いつか探し出して礼を言いたいと思っている。その人物は私と妻が話したあらゆる問題について聞いていたはずだ。間もなく奥さまとお話ができます。はい、つながりました、お話し下さい。事務的な口調だ。生きるか死ぬかの話を、彼は黙って

聞いていたのだろう。

　サラエボからの知らせの中で最悪だったのは、ジェリェズニチャル・サラエボで同僚だったスレイマン・クーロビッチが死んだという連絡だった。スーリョは気のいい男で、誰からも好かれていた。そんなやつを殺すとは。ああ、しかし、それが戦争だ。彼だけではない。母親の腕に抱かれている子どもが殺されたというニュースもあった。狙撃兵にはそれが母子だということが見えていたはずだ。意図的に子どもを狙ったということか。それが戦争だ。そういうことのできる人間とは、いったいどのような存在なのだろうか。戦争が人間を狂気に追いやるのだ。犠牲者はもちろん、加害者の中に知り合いの名を見つけたとしたら、どれほど悲しい気持ちになることか……。

　そういう状況で、わずかながら救いになったのはサッカーだった。サッカーに集中し、試合のことだけを考えていると、一瞬でも戦争を忘れることができる。そういう時に、ひょっこり息子がやってくる。少しばかり話をして引き上げて行くが、また、サラエボや戦争のことについて考えないではいられなくなる。サラエボにいる家族は、娘は、妻はどうしているのか。妹は、母は、親戚は——。サラエボに行きたい。しかしサラエボに行くことはできなかった。いったいどうすればよかったのか。

　この本を読むと、ちょっとしたことでもバカにできないことがよく分かる。ちょっとしたことというのは、毎日の日常生活の中で言葉に出したり意識したりしなくとも、それがあって当たり前のものごとのことだ。たとえば、ここに1個の干しイチジクがある。それがもし、飢えと渇き、頭上を銃弾が飛び交う世界にあれば、どれだけ大きな喜びを生み出すことだろうか。ささやかなことが、大きな喜びに変わるのだ。

それを理解することが、この本の大事な教訓のひとつだ。この本を読むと、人生にとって大事なことは何か、また大事なものになりうるものは何か、決定的に大切なものは何か、その感覚が研ぎ澄まされてくる。たとえば、あなたのかたわらに寄りかかることのできる肩がある。それはどれだけ大切なことか。何日もろくに食べていない人間はあらゆる感覚が消えていき、砲弾の爆発の振動に耐えるのが精一杯になる。それにしても、この戦争は戦争の中でも最悪の部類、なにしろ人間が生活している都市で起きた戦争だった。町に向けて銃を撃つのだから、はずれっこない。誰にでも分かることだ。町に銃口を向けている側の人間も、その銃口を向けられ狙われている側の人間も、この戦争はひどいと知っている。しかし、その真実と共に生きていくのは簡単なことではない。

　この本が日本で発行されると聞いてとてもうれしい。私たちの戦災からの復興でもっとも力を尽くしてくれた国のひとつは、日本であると思う。その価値はけっして小さくない。日本の皆さんは自分自身の困難もかかえているのに、他人の苦労も自分のものと考えてくれた。私たちに多くのことをしてくれた。日本で生きていくのは楽ではないことを知っている。地震があり、台風や洪水など災害は多すぎるほどだ。よその不幸に関わり合う必要はないのだ。原爆の被害を受けたこともいうまでもない。日本人は戦争がどんなに勘定に合わないものかを知っている。それで平和的な国民なのだ。

　思うに、日本の人びとはサラエボの子どもたちの体験に関心を持つのではないだろうか。世界中の出来事を知っており、他人の問題に心を寄せる。脅かされている人間はだれでも、日本人の中に友人を見つけることができるだろう。そのことに疑いはない。この『ぼくたちは戦場で育った』に収録されている多くの記憶は、私にとっては初

めてボールを蹴った時のこと、あるいは初めての試合の記憶を思い出させてくれる。サッカーは私にとって、それが困難な時であればあるほど、良い思い出や喜びを与えてくれる。そこで思うのは、近代の戦争をめぐる国際法や交戦規定の中に新しい条項を加えられないかということだ。もちろん、交戦規定など戦場では忘れ去られていることがほとんどなのだろうが、こんなのはどうか——子どもたちがサッカーをはじめたら攻撃してはならない。これを最低限の交戦規定として守ってほしい。さらに、人びとが水汲みに行くところを攻撃してはならない。そういう条項だ。最低限の規定ではないか。この戦争ではあらゆる交戦規定が無視された。葬式や埋葬に参列している人びとまで殺された。遊んでいる子どもたちが殺された。痛ましいことだ。

戦争はなくならないのだろうか。世界は戦争をすること、人びとが殺されることに慣れてしまった。ブラジルでワールドカップがおこなわれた時も、シリアでは戦争が続いていた。私はボスニアの人間だから、知らぬ顔をしていることはできない。ボスニアについていえば、われわれはみな頑固者だから、ボスニアが意地の力で生き残っていってほしいと思う。意地というのは、あまり良い相談相手ではないだろうが、時には助けになるものでもあると思う。

この本は、いつか来るかもしれない困難な時期にどのように生きるか、どのように生き残るかの知恵を与えてくれる。とくに今、世界がおかしくなり、人間たちが大声でわめき立てはじめ、どのような反応を示すか予想を立てられなくなってきている時代に、大切なことを思い出させてくれる。

(千田 善・訳)

ヤスミンコくんのこと——単なる懐古趣味ではなく

千田善

『ぼくたちは戦場で育った』(原題は Djetinjstvo u ratu ＝戦時下の子ども時代)はこれまで英語とドイツ語に翻訳され、各地で注目を集めている。編著者のヤスミンコ・ハリロビッチくんは単なる懐古趣味(ノスタルジア)の人ではなく、現代の戦争をふせぎ、やめさせることを考えている。

2013年には欧州議会から特別表彰を受けた。その際、ブリュッセルでのイベントでスピーチをしたヤスミンコくんは、自分のあいさつを次のようにしめくくった。

——最後に、12歳の少女の日記を紹介します。
「私はとても恐かったけれど、部屋の外に出ることはできないとわかっていた。部屋には全部で13人が、もう2週間も一緒に暮らしていた。とてもうるさかった。お父さんが部屋の外に出た。お父さんは家の外に出たところで、撃たれて倒れた。私は泣き出した。とても悲しかった。前には普通の暮らしをしていて、食べ物も十分あったのに、今では援助が必要だ。私にとって何もかもが変わってしまった」

みなさん、この日記は1990年代のものでも、サラエボのものでもありません。この少女の話は……現在のシリアで起きていることです。戦時下の子ども時代は、今も続いているのです。私はこの本の出版が、子どもたちのために世界をより良い、より平和なものにする責任を大人たちが感じるようになって、初めて成功したといえると考えています。ご静聴ありがとうございました。

ヤスミンコくんたちは2016年夏、この本をもとにした「戦時下の子ど

も時代」博物館をサラエボにオープンする予定だ。

　この本に登場する、当時のさまざまな「証拠品」(人道援助物資の実物や、女の子が当時使っていたバレエシューズなど)も展示される予定。子どもと戦争に関する博物館として、アムステルダムの「アンネ・フランク・ハウス」などとも協力して、現在も戦災に苦しめられている世界中の子どもたちのために役に立ちたいと考えている。

次ページ写真:2012年4月6日に行なわれたサラエボ包囲戦の開戦20年式典では、市のメインストリートに戦争の犠牲者数と同じだけの数の赤い椅子が並べられた。式典の参加者は生きている人間だけでなく、死者もまた含まれているというメッセージがそこにある。この式典の実行委員会にはヤスミンコ・ハリロビッチ氏が代表を務めるNPOも参加していた。

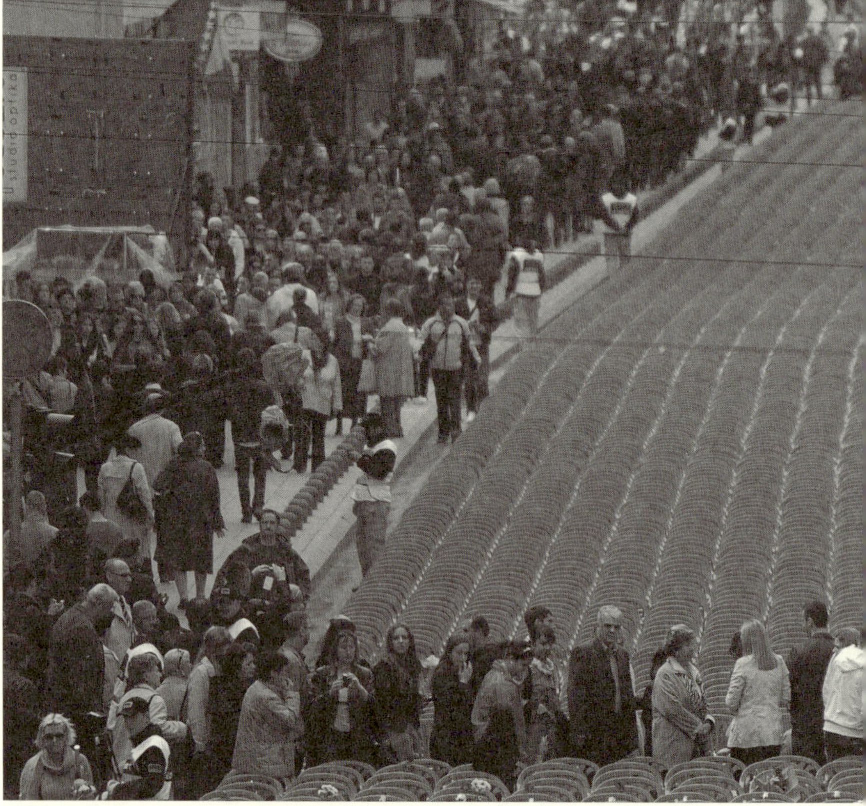

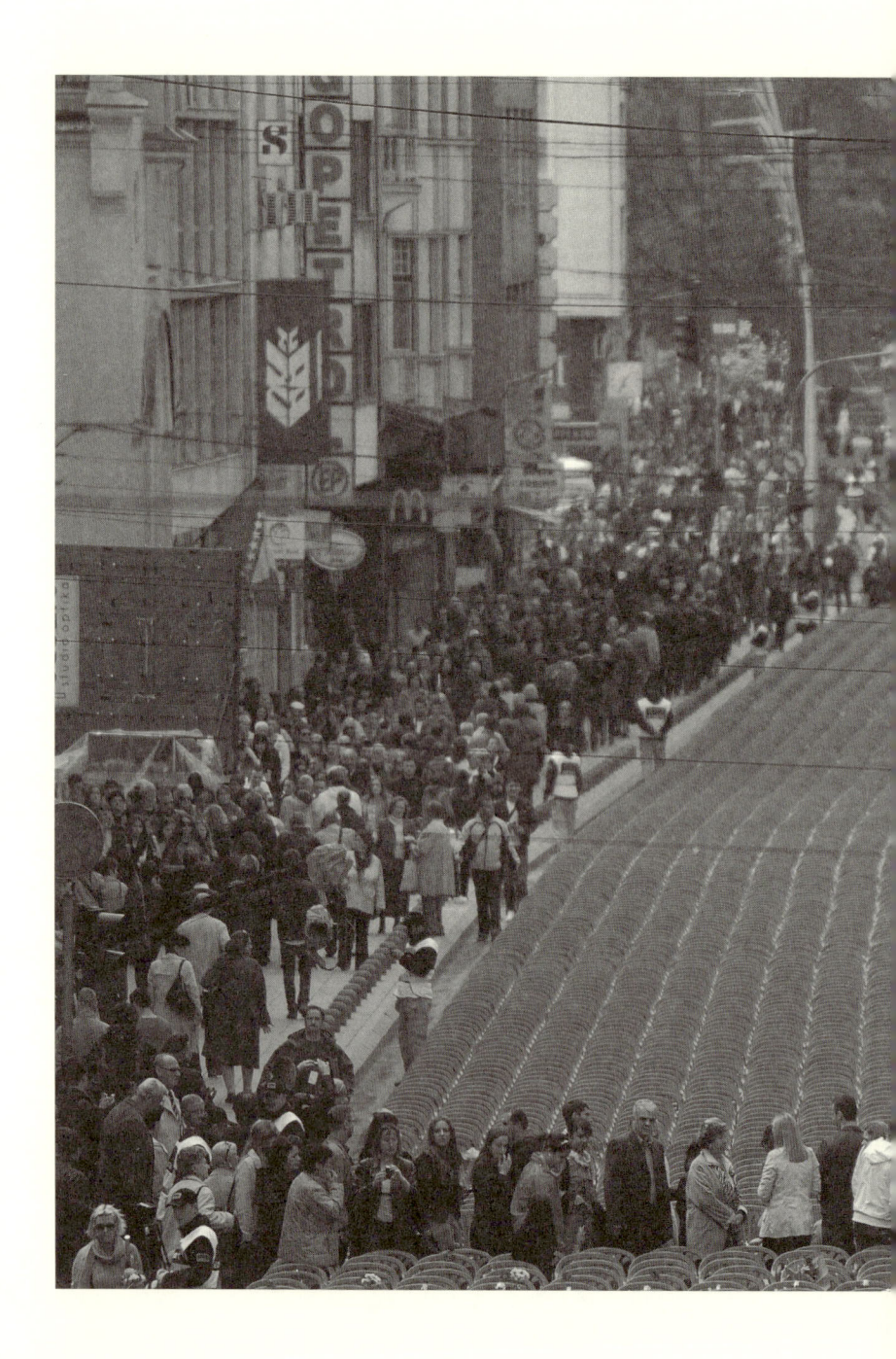

WWW.EUROMEDIA.BA
SA MOJOM BA
KUPUJEM BEZ
NOTAR
BANKOMAT
0-24h

ヤスミンコ・ハリロビッチ Jasminko Halilović

1988年、サラエボ生まれ。作家、NPO法人URBANアソシエーション代表。4歳のときにサラエボ包囲戦が始まり、「戦場の子ども時代」を過ごす。和平合意成立後、サラエボ第一中等学校在学中に始めた「サラエボ的思考」というブログが評判になり、書籍として出版。同書はボスニア・ヘルツェゴビナで初めての「ブログ本」となった。以後も執筆活動を継続し、写真付きエッセイ集『サラエボ ―ぼくの町、出会いの場所』を出版している。

角田光代（かくたみつよ）

1967年、神奈川県生まれ。早稲田大学第一文学部卒業。90年「幸福な遊戯」で海燕新人文学賞を受賞しデビュー。96年『まどろむ夜のUFO』で野間文芸新人賞、98年『ぼくはきみのおにいさん』で坪田譲治文学賞、『キッドナップ・ツアー』で99年産経児童出版文化賞フジテレビ賞、2000年路傍の石文学賞、03年『空中庭園』で婦人公論文芸賞、05年『対岸の彼女』で直木賞、06年「ロック母」で川端康成文学賞、07年『八日目の蟬』で中央公論文芸賞を受賞。現在は『源氏物語』(池澤夏樹＝個人編集　日本文学全集)の現代語訳に取り組んでいる。

千田善（ちだぜん）

1958年、岩手県生まれ。国際ジャーナリスト、通訳。ベオグラード大学政治学部大学院中退(国際政治専攻)。外務省研修所、一橋大、中央大、放送大学などの講師を歴任。2006年よりサッカー日本代表イビツァ・オシム監督の通訳を務める。2012年より立教大講師。著書に『ユーゴ紛争―多民族・モザイク国家の悲劇』(講談社現代新書)、『ユーゴ紛争はなぜ長期化したか』(勁草書房)、『ワールドカップの世界史』(みすず書房)、『オシムの伝言』(同)、『オシムの戦術』(中央公論新社)などがある。

写真提供

P11 アフロ
P15上 AGE/PPS通信社
P15下 アフロ
P16 Marco Cristofori/Corbis
P17 Bridgeman Images/PPS通信社
P18-19 Kevin Weaver/ Hulton Archive/Getty Images
P21 Sulejman Omerbasic/Demotix/Corbis
P23 AP/アフロ
P23 Giorgio Lotti/Mondadori Portfolio via Getty Images
P38 Romano Cagnoni/Hulton Archive/Getty Images
P39 Laurent VAN DER STOCKT/Gamma-Rapho via Getty Images
P40 Patrick Chauvel/Sygma/Corbis
P41 AP/アフロ
p258-259 AP/アフロ
p268-269 Tom Stoddart/Getty Images
p284-285 Sulejman Omerbasic/Demotix/Corbis
(そのほかの写真はすべて原著より転載)

ぼくたちは戦場で育った　サラエボ1992-1995

発行日　2015年10月31日

著　者　ヤスミンコ・ハリロビッチ
訳　者　角田光代
監　修　千田善

発行者　館孝太郎
発行所　株式会社 集英社インターナショナル
　　　　〒101-0064　東京都千代田区猿楽町 1-5-18
　　　　電話　03-5211-2632

発売所　株式会社 集英社
　　　　〒101-8050　東京都千代田区一ツ橋 2-5-10
　　　　電話　読者係　03-3230-6080
　　　　　　　販売部　03-3230-6393（書店専用）

印刷所　図書印刷株式会社
製本所　加藤製本株式会社

定価はカバーに表示してあります。本書の内容の一部または全部を無断で複写・複製することは法律で認められた場合を除き、著作権の侵害となります。造本には十分に注意をしておりますが、乱丁・落丁（ページ順の間違いや抜け落ち）の場合はお取り替えします。購入した書店名を明記して集英社読者係宛にお送りください。送料は小社負担でお取り替えいたします。ただし、古書店で購入したものについては、お取り替えできません。また、業者など、読者本人以外による本書のデジタル化は、いかなる場合でも一切認められませんのでご注意ください。

WAR CHILDHOOD (DJETINSTVO U RATU)
© Jasminko Halilović, Printed in Japan ISBN978-4-7976-7269-5 C0098

Japanese translation rights arranged with Jasminko Halilović, Bosnia and Herzegovina through Tuttle-Mori Agency, Inc., Tokyo